프로파일러 마스터플랜

프로파일러 마스터플랜

초판 1쇄 발행 2021년 7월 15일

지은이   theD마스터플랜연구소(윤영선)
발행인   조상현
마케팅   조정빈
편집인   김유진
디자인   김희진

펴낸곳   더디퍼런스
등록번호   제2018-000177호
주소   경기도 고양시 덕양구 큰골길 33-170
문의   02-712-7927
팩스   02-6974-1237
이메일   thedibooks@naver.com
홈페이지   www.thedifference.co.kr

ISBN   979-11-61253-16-9 03370

더스 | 더디 | 더디퍼런스 | 마이북

십대가 되고 싶은 직업 로드맵

프로파일러
마스터플랜

theD마스터플랜연구소 지음

더디퍼런스

프로파일러가 되고 싶은 청소년에게

4차 산업혁명 사회에서 프로파일러는 지능범죄를 해결하는 데 도움이 되는 중요한 직업으로 떠오르고 있다. 특히 심리학을 전공한 사람들의 직업진로가 매우 다양한 분야로 뻗어나가고 있는데 그중 하나가 '프로파일러'이다.

그동안 우리는 프로파일러의 활약을 해외 영화나 드라마에서 많이 볼 수 있었다. 그러다가 2016년 프로파일러의 활약을 잘 그려낸 우리나라 드라마가 방영되면서 많은 사람에게 관심을 받는 직업이 되었다. 그 후, 시민을 공포에 떨게 했던 연쇄살인사건의 범인을 잡을 때 프로파일러의 역할이 컸다는 내용이 언론을 통해 알려지고, 프로파일러란 직업이 차츰 사람들의 인식에 크게 각인되기 시작했다.

프로파일러는 범죄심리분석관이다

프로파일러는 우리말로 '범죄심리분석관'이다. 이 직업은 감정에 치우치지 않고 데이터를 냉정하게 분석하면서도 범죄자의 마음을 움직이는 감성 또한 갖추어야 한다.

서울지방경찰청에서는 2000년도에 범죄행동분석팀을 꾸리고 범죄 '프로파일링'을 시작했다. 프로파일링이란 공통점이 있는 범행과 범죄자의 심리와 행동을 파악하여 범인을 효과적으로 잡는 결과를 얻어내는 기법이다. 또한 범인의 마음을 움직여서 범행을 자백하도록 만든다.

프로파일러는 범인이 저지른 범죄를 속속들이 꿰뚫어 보는 통찰력으로 범죄자의 습관이나 행동, 성격, 나이, 얼굴 생김새까지 예측하여 범인을 잡는 데 결정적인 역할을 한다. 그들은 무엇보다 범죄에 대한 고정관념을 버리고 그 일에 임한다. 범죄자를 마주할 때 공감과 신뢰를 바탕으로 대화를 나누어야 하고 범죄심리를 객관적으로 분석해야 하기 때문이다. 범죄심리는 범죄자의 마음을 알아내고 연구하는 학문으로 범죄자의 마음을 파악하여 또 다른 범죄가 일어나지 않도록 막거나 대비하는 것이 목적이다. 이것은 프로파일러의 가장 중요한 역할이기도 하다.

프로파일러는 어떤 일을 할까?

프로파일러는 일반 수사로는 풀기 힘든 강력사건에 투입되는 경우가 많다. 범행 증거와 자료를 바탕으로 범죄자의 유형을 유추한다. 범인으로 수사 대상에 오른 사람의 범위를 좁혀서 수사의 방향을 제시해주는 일이다.

구체적으로 하는 일을 살펴보면, 사건 현장에 가서 범행 준비를 어떻게 했는지, 범행 수법은 어떤지, 시신을 어떻게 처리했는지, 범죄의 모든 과정을 과학적으로 재구성한다. 또한 범행을 왜 저질렀는지, 용의자는 어떤 특징을 갖고 있는지, 세밀하게 풀어서 논리적으로 설명한다. 기존 자료와 새롭게 얻은 자료를 바탕으로 범인의 성격이나 행동의 특징까지 알아내고 도망친 길과 숨어 있을 만한 장소를 예측하여 수사기관에 제공하는 것도 프로파일러의 일이다. 수사가 쉽게 진행되도록 수사에 도움이 될 만한 목격자와 진술을 가려내어 제공하기도 한다. 범인이 잡혔을 때는 범죄를 자백하도록 심리전을 펼치는 것도 매우 중요한 일이다.

프로파일러는 범죄 현장이나 처참한 경험을 한 피해자와 마주해야 하는 어려움이 있지만, 정의감과 책임감을 갖고 도전해볼 만한 일이다.

프로파일러 직업의 현재와 미래는 어떠한가?

우리나라는 2021년을 기준으로 40여 명의 프로파일러가 활동하고 있으며, 경찰청과 지방경찰청에는 1~4명 정도씩 배치된 상황이다.

범죄 동기가 확실하지 않은 '묻지 마! 살인사건' 같은 강력범죄가 늘어나면서 프로파일러의 필요성이 매우 커졌다. 또한 범죄 현장에 증거를 남기지 않는 지능범이 늘어나면서 프로파일러의 중요성이 더 절실해졌다. 하지만 강력범죄사건에 비해 '프로파일러'는 턱없이 부족한 게 현실이다. 그러다 보니 프로파일러가 범죄자나 용의자를 면담하지 못하는 강력사건도 많다.

프로파일러의 중요성은 앞으로 더 커질 것으로 예상된다. 살인사건이나 범죄 현장에 단서나 증거를 남기지 않는 지능형 사건이 계속해서 증가하고 있기 때문에, 프로파일러의 역할이 더 중요해질 것으로 전망된다.

프로파일러가 되기를 원하는 여러분이 이 책을 읽으며 용기를 얻어 보이지 않는 범죄심리를 알아내고 해결하는 주인공이 되기를 기대한다.

theD 마스터플랜연구소

차례

프롤로그 프로파일러가 되고 싶은 청소년에게 _ 4

1장 프로파일러는 어떤 직업이지?

프로파일러는 누구인가? _ 12

프로파일러가 하는 일 _ 19

프로파일러 직업의 성격 _ 25

프로파일러의 특징과 필요한 능력 _ 34

마스터플랜GOGO: 프로파일러 역사와 용어 _ 42

2장 내가 프로파일러가 되기까지

프로파일러 능력 들여다보기 _ 50

프로파일러가 되려면 어떻게 준비할까 _ 58

프로파일러 체험 활동 _ 66

프로파일러 교육 과정 _ 73

프로파일러 자격증 _ 76

마스터플랜GOGO: 가상 인터뷰! 프로파일러에게 묻다 _ 86

3장 프로파일러로 살아간다는 것

프로파일러의 필요성 _ 94

프로파일러의 어려운 점 _ 103

프로파일러의 하루 _ 111

프로파일러의 자질 _ 121

마스터플랜GOGO: 심리학에 대해 더 알고 싶어요! _ 129

4장 프로파일러의 미래는 어떨까?

4차 산업혁명과 프로파일러 _ 136

미래 프로파일러의 역할 _ 144

프로파일러 직업의 전망 _ 158

직업을 통해 얻는 가치 _ 164

마스터플랜GOGO: 영화와 드라마로 만나는 프로파일러 _ 171

1장
프로파일러는
어떤 직업이지?

프로파일러는
누구인가?

　1969년 스탠포드 대학의 심리학자 필립 짐바르도 교수가 매우 흥미로운 실험을 했다. 안전이 허술한 골목에 똑같은 자동차 두 대를 놓아두었다. 한 대는 자동차 보닛을 열어 놓고, 다른 한 대는 창문을 일부러 조금 깨놓아 일주일간 내버려두는 실험이었다.

　그러자 두 자동차에 확실한 차이가 나타났다. 보닛만 열어둔 차는 어떤 변화도 일어나지 않았지만, 창문을 일부러 조금 깨놓은 차는 10분 만에 배터리가 없어지고 타이어도 사라졌다. 뿐만 아니라 차에 쓰레기를 버리고 낙서를 해놓아 자동차는 일주일 만에 고철이 된 듯 망가졌다. 이 실험을 통해 창문을 조금 깨놓은 차가 앞으로 더 파괴될 가능성이 높다는 사실을 알게 되었다. 이것이 바로 '깨진 유리창 이론'이다.

사람들은 보통 '남들도 하는데 나도 한 번 해볼까?' 혹은 '이게 잘못된 것 같은데 아무도 신경을 쓰지 않네!'라고 생각하면서 작은 범죄들을 쉽게 저지르고, 이 사소한 범죄들이 쌓여 사회의 무관심 속에서 더 큰 범죄로 이어진다.

우리나라 속담 중에 "바늘 도둑이 소도둑 된다!"라는 말이 있다. 자그마한 나쁜 일을 반복하다가 버릇이 되면 나중에는 큰 죄를 저지르게 된다는 뜻이다. 깨진 유리창 이론에 꼭 들어맞는 말은 아니지만, 작은 범죄가 큰 범죄로 이어진다는 의미에서 생각해봄 직하다.

1980년대 뉴욕시에서 깨진 유리창 이론을 응용한 사례가 있었다. 뉴욕시는 1년에 60만 건 이상 큰 사건이 일어났고 여행객들 사이에서 "뉴욕에서 지하철을 타면 절대 안 된다!"는 말이 나돌 정도로 위험했다.

미국 라토가스 대학의 겔링 교수는 뉴욕의 지하철에서 일어나는 범죄를 줄이기 위해 그곳에 있는 낙서를 완전히 지우라고 제안했다. 낙서를 그냥 두는 것은 창문이 깨진 자동차를 방치하는 것과 같다고 생각했기 때문이다. 이후 지하철 안에 모든 낙서를 완전히 지웠고, 지하철에서 일어나던 사건, 사고가 실제로 눈에 띄게 줄어들었다고 한다.

1990년에는 뉴욕에서 경찰들이 질서회복을 위한 캠페인을 벌였다. 지하철에서 구걸이나 노숙을 금지하고, 노점에서 장사하는 것도 하지 못하게 했다. 그러자 도둑이나 강도가 눈에 띄게 줄어들었고 살인사건도 20세기 최저 수준으로 줄어들었다. 이와 비슷한 일은 우리나라에서도 일어났다. 2012년 10월에 노숙자가 많은 서울역 근처를 국화꽃 화분으로 장식했을 때 거리가 훨씬 깨끗해지기 시작했다고 한다.

프로파일러라는 직업은 왜 생겼을까?

과거에는 범죄를 저지르는 이유가 비교적 분명했다. 하지만 문명이 발달하면서 범행에서 사용한 증거물을 현장에 남기지 않는 지능범들이 늘어났다. 이에 따라 범인을 잡기 위한 탁월한 수사기법이 필요했다. 어떤 근거를 가지고 범인의 심리를 예측하거나 감성을 건드려서 자백을 받아내도록 하는 프로파일러의 역할이 더 중요해진 것이다.

프로파일러는 1978년 미국연방수사국(FBI)의 존 더글러스가 처음으로 시작했다. 이어 유럽과 캐나다로 차차 퍼져나갔다. 우리나라도 경찰청 안에 프로파일러를 두어야 한다는 말이 많았지만, 과거에는 팀을 꾸릴 만큼 절실하지 않았고 그럴 만한 체계적인 시스템도 없었다. 그러던 중

화성연쇄살인사건이 벌어졌고, 범인을 찾는 과정에서 프로파일러의 역할이 꼭 필요했다. 우리나라는 이를 계기로 2000년 범죄행동분석팀을 처음으로 꾸렸다. 그 뒤 연쇄살인사건이 또 일어나면서 프로파일러의 활동이 본격적으로 시작되었다.

프로파일러는 경찰이자, 범죄심리분석관

프로파일러는 경찰청에서 근무하는 경찰이다. 우리말로 '범죄심리분석관'이라는 뜻이다. 우리나라에서 활동하는 프로파일러는 약 40여 명이다. 현재는 여자 프로파일러를 더 많이 뽑는 실정이고, 그들 중에는 심리학 석사나 박사 학위를 가진 사람이 많다.

여러분 중에 프로파일러가 되고 싶은데 강력범죄 현장에 투입될까 봐 두려운 사람이 있을지도 모른다. 그 점은 걱정하지 않아도 된다. 프로파일러는 현장에서 범죄자를 직접 잡는 사람이 아니기 때문이다. 몸을 써서 범인을 잡을 일이 없는 경찰로서, 심리학 지식이 많고 두뇌 싸움을 잘할 수 있으면 훨씬 유리하다. 특히 세심한 성격이면 더 좋고 상대의 심리를 다뤄야 하므로 말을 잘하는 기술도 필요하다.

우리나라 최초 프로파일러는 2000년 서울지방경찰청에서 범죄행동분석팀을 만들면서부터 시작되었다. 연쇄살인

사건이나 강력범죄의 범인을 찾고, 다른 사건들을 예방하기 위해 범죄자의 심리를 정확하고 세밀하게 분석하기 위함이었다. 2005년부터는 범죄심리학을 전공한 사람을 특별 채용하여 더욱 전문적인 조직으로 구성했다.

프로파일러는 범죄자의 심리를 분석해놓은 자료를 현장에 적용하여 왜 범죄를 일으켰는지 밝히는 일을 한다. 주로 연쇄방화, 연쇄강간, 연쇄살인 같은 강력사건에 투입된다.

그들이 현장에서 가장 먼저 하는 일은 범행에 사용된 무기나 흔적 같은 증거가 될 만한 것이 있는지 면밀하게 살피는 것이다. 비슷한 사건과 증거물을 비교하여 범인이 사는 곳, 나이, 성별, 직업 등을 알아내고 범인으로 의심되는 사람에 대한 자료를 분석하여 수사팀에 넘긴다. 이 자료가 수사의 방향을 정하게 되므로 매우 중요한 일이다. 이것이 끝은 아니다. 범인이 잡히면 프로파일러의 일이 또다시 시작된다. 범죄자가 어떤 환경에서 자랐는지, 심리적인 문제가 무엇인지, 범행 동기는 무엇인지를 알아내야 한다. 이를 바탕으로 범인이 진술한 내용이 진실인지 거짓인지를 주도면밀하게 파악한다.

범인 입장에서 생각하는 프로파일러

프로파일러는 범죄심리에 대한 모든 일에 관계된다. 범

죄가 일어난 현장에서 증거를 조사하는 단순한 일부터 시작하여 범죄 현장을 면밀히 살피면서 범죄 동기가 무엇인지, 범죄자의 심리는 어땠을지를 파악하여 근거를 제시하는 일이다. 또한 범죄자와 면담을 하면서 그의 심리를 알아내고 숨겨진 의도가 무엇인지 진실을 밝히는 일도 한다. 범죄자의 심리를 파고들면서 그의 입장에서 생각하고 감정을 이입하는 것은 쉬운 일이 아니다. 범죄자의 입장에서 생각한다는 것은 아주 괴로운 일이기 때문이다.

만약 범죄자가 흉기를 숨겨놓고 공개하지 않는다면, 프로파일러는 살인 증거물을 찾기 위해 범죄자의 입장에서 어떻게 생각해야 할까? 프로파일러는 범죄자에게 "감춰둔 흉기는 잘 있을까? 살인의 동반자인 흉기가 잘 있는지 궁금하지 않나? 어디 있는지 알려준다면 내가 그것을 당신에게 가져다주지." 같은 제안을 할 수도 있다. 프로파일러는 심리를 이용해 범죄자에게 다가가 범행에 사용된 증거물을 찾아내기도 한다.

강력범죄자들은 대부분 다른 사람을 힘으로 누르고 자기가 원하는 대로 제어하려는 성향이 강하다. 그런 그들의 눈에 프로파일러가 만만하고 우습게 보인다면 범죄 사실에 대해 누가 털어놓겠는가. 그러므로 프로파일러는 정신적으로 강하고 이성적인 성향의 사람에게 유리하다. 범죄자에게 심리적으로 절대 눌리지 않는 대범함이 필요하다. 흉악한 범죄 현장을 조사하고 범죄자를 만나는 일에 스트레스를 받는다면 이 일을 할 수 없다. 처음부터 잘할 수 있는 일은 아니다. 자신의 일에 사명감을 가지고 꾸준히 훈련하고 경험을 쌓으면서 해나갈 수 있는 일이다.

프로파일러가
하는 일

구체적으로 무슨 일을 할까?

우리는 범죄수사 영화나 드라마에서 형사, 경찰, 프로파일러로 등장하는 캐릭터를 종종 보아왔다. 요즘 프로파일러가 흉악한 범죄사건을 멋지게 해결하는 드라마나 영화 장면을 보면서 그 일에 더욱 매력을 느끼는 청소년들이 늘고 있다.

앞에서도 말했지만 프로파일러는 강력범죄가 일어난 뒤 증거가 될 만한 어떤 단서도 없고 일반 수사기법으로는 한계가 있다고 판단될 때 수사에 투입된다. 프로파일러가 가장 먼저 하는 일은 사건 현장에 가는 일이다. 범인이 범행을 저지르기 위해 어떻게 준비했을지, 범행 수법은 어떠했는지, 시신은 어떻게 처리했는지 등 이런 모든 과정을 예측하고 되짚어본다. 범행 후 범죄자가 도망친 길이나 숨어 있을 만한 장소까지 예측한다.

이것은 범인의 성격과 범행 수법을 파악하고 이와 비슷한 범행을 했던 과거 자료를 찾아 용의자의 범위를 좁혀서 수사 방향을 제시하기 위해서다. 눈에 보이지 않도록 꼭꼭 숨긴 범행 의도를 꿰뚫어 보는 일도 프로파일러가 하는 중요한 일이다.

범인이 잡힌 다음에는 범죄자의 진술이 진실인지 수사에 혼란을 주기 위한 것인지를 가려낸다. 목격자의 진술이 진실인지, 거짓인지, 가치가 있는지도 판단한다. 범인의 마음을 움직여서 자백을 받아내는 일도 프로파일러의 일이다.

프로파일러는 범인의 성장배경과 범행 동기, 범행 수법과 범행 장소 같은 자료를 모아놓는 일에 아주 충실히 임한다. 나중에 비슷한 범죄가 일어났을 때 그 자료를 바탕으로 사건을 보다 빠르게 해결하기 위해서다. 따라서 자료를 모으고, 찾고, 분석하는 예리한 눈도 필요하다.

범죄심리분석관으로 불리는 프로파일러는 연쇄방화사건, 연쇄살인사건, 연쇄성범죄사건 같은 강력사건의 범죄자나 혹은 범죄자로 의심되는 사람과 면담을 한다. 영화나 드라마에서는 프로파일러가 사건을 해결하는 해결사 이미지가 강하다. 하지만 실제로는 자료를 바탕으로 추리하여 수사 방향을 제시한다는 일을 한다. 특히 프로파일러는 수사를 할 때 혼자서 하지 않고 형사들과 함께 일한다.

프로파일러와 과학수사대의 차이는 무엇일까?

과학수사대는 눈에 보이거나 보이지 않는 증거들을 찾아내고 복원하는 일을 한다. DNA 검사나 지문수사로 이어진다고 보면 된다. 사건 현장에서 범인이 어딘가에 남겨놓은 증거를 과학적인 방법을 동원하여 놓치지 않고 눈에 보이도록 찾아내는 일이다.

범인은 사건의 증거가 보이지 않도록 마음속에 숨겨놓고 절대 꺼내지 않으려고 한다. 이때 프로파일러는 범인에게서 범행 동기를 찾아내는 일을 한다. 범행 동기를 알아내기 위해 피해자의 마음과 행동을 분석하는 일을 하는데, 이를 프로파일링 기법이라고 한다.

프로파일링 기법이란 무엇일까?

프로파일링 기법이란 프로파일러가 범죄사건의 범인이 누구인지를 알아가기 위해 범행 방법과 범행 동기를 예측하여 어떤 심리 상태에서 일어났는지 분석하는 방법이다. 자료와 근거를 바탕으로 용의자의 범위를 좁혀가는 것을 의미한다.

예를 들어 어떤 장소에서 범죄가 일어났고 피해자가 생겼다고 생각해보자. 이 사건은 갑자기 어디에서 날아온 것이 아니다. 범죄자와 피해자가 반드시 존재하므로 이는 사람과 사람과의 일이다. 그렇기 때문이 그 사람들이 어떤 관계인지, 어떻게 연결되었고 어떻게 벌어진 일인지 알아보아야 한다. 아주 세부적인 정보, 이를 테면 그들의 생활습관이나 평소에 주로 다니는 길 등 여러 의문을 품고 예측할 수 있다.

가령, 사건이 일어난 방식을 보고 범죄자가 가진 힘의 크기를 추측해 성별을 예측할 수 있다. 힘이 강하게 작용했다고 성별을 남자로만 특정하는 것은 아니다. 적용된 힘이 과도하게 셌다면 남자일 가능성을, 또 여자일 경우 힘이 아주 센 사람으로 예측하면서 범죄자의 범위를 좁혀가는 것이다.

'나이는 많을까, 적을까?', '왼손잡이일까, 오른손잡이일까?', '어느 지역의 말씨를 쓸까?', '평소 말투나 성격은 어떻지?' 등 여러 가능성을 열어두고 예측하면서 수사망을 좁힌다. 이렇듯 프로파일링은 수사의 첫 걸음으로 매우 중요한 기법이다.

프로파일러의 연봉은 얼마나 될까?

프로파일러는 경찰공무원이다. 그러므로 공무원의 호봉

에 따라 급여를 받는다. 계급과 근무한 연수에 따라 실제 받는 금액이 정해지므로 다소 차이가 있지만 경찰의 호봉 수와 비슷한 연봉이라고 생각하면 된다.

소방공무원 봉급은 2021년 기준으로 1호봉에 계급이 치안정감소방청감은 4,122,900원, 치안감소방감은 3,711,600원, 경무관소방준감은 3,348,600원, 총경소방정은 3,006,700원, 경정소방령은 2,703,700원, 경감소방경은 2,335,600원, 경위소방위는 2,086,700원, 경장소방교는 1,756,400원, 순경소방사는 1,659,500원이다.

프로파일러의 급여는 순경보다 나은 대우를 받는다. 호봉 수와 계급에 따라 다르니, 월급과 연봉이 더 궁금하다면 경찰공무원과 소방공무원의 연봉표를 참고하면 된다.

기업 프로파일러와 일반 프로파일러는 어떻게 다를까?

기업 프로파일러는 빅데이터 분석이 발달하면서 축적된 자료를 바탕으로 통계를 내고 기업의 미래를 예측하면서 시작되었다.

기업 프로파일러는 범죄수사의 프로파일링 기법을 기업의 업무에 적용한다. 기업의 결과물을 중심으로 그 기업이 미래에 어떤 행동을 할지 어떤 방향으로 나갈지를 예측하는 것이 기업 프로파일러의 일이다.

기업은 새로운 경영 전략을 세우고 기업 이미지를 설정할 때, 실패 확률을 줄이기 위해 프로파일링을 활용한다. 현재 독립된 직업으로 자리를 잡은 단계는 아니지만, 경영 전략이나 기획 분야 업무에서 새로운 역할로 분리되는 과정에 있다.

기업 프로파일러가 하는 일은 분석하는 분야에 따라 다르다. 업무 분야는 기업정보 프로파일링, 조직 프로파일링 또는 조직문화 프로파일링, 세무회계 프로파일링 등이 있다. 기업이 새로운 이미지를 만들기 위해 어떤 일을 시작한다면 지금까지 해왔던 일을 프로파일링 기법으로 분석하는 것이다. 기업의 특징과 새롭게 변화된 이미지가 고객에게 긍정적으로 인식되도록 하기 위해서다. 또 기업 경영자와 직원들이 모인 회의에서 시장 상황을 분석하고 아이디어와 콘셉트를 제시하는 일도 한다.

우리나라는 현재 경영컨설팅 업체에서 기업 프로파일링을 활용하고 있다. 기업 내에 빅데이터 분석에 대한 관심이 높아지고 있으므로 앞으로 더 새로운 직업과 직책으로 세분화될 가능성이 높을 것으로 전망된다.

프로파일러 직업의
성격

드라마나 영화를 보면, 프로파일러가 히어로처럼 나타나 범죄를 막기도 하고, 범죄자와 두뇌싸움을 벌이면서 치열하게 쫓고 쫓기는 모습이 나온다. 미디어 상에서는 프로파일러가 하는 일의 모든 과정을 다 보여줄 수 없기 때문에 많은 일이 생략되고, 결정적인 순간이나 결과에 초점이 더 맞춰진다. 그 때문에 일반인들은 프로파일러가 마치 초능력을 가지고 있기라도 하듯, 그들을 우러러 보거나 신기한 대상으로 생각하곤 한다.

프로파일러는 초능력자가 아니다! 이성적인 인간일 뿐이다. 범죄자의 심리를 끊임없이 생각하고 범행에 대한 자료를 보고 또 보면서 범행 동기를 찾아내고 수사 방향을 제시하는 나침판 역할을 하는 직업이다.

프로파일러가 활약한 모습들

1993년 7월부터 14개월 동안 전남 영광에서 일어난 연쇄살인사건은 단독 범행이 아닌 일명 지존파라 불리는 여섯 명의 범인이 벌인 일이었다. 이들은 특별한 동기 없이 무조건 살인을 하는 것이 특징이었다.

3년 후 1996년 10월 경기도 화성에서 일어난 살인사건의 범인은 총 아홉 명이었다. 지존파를 따라 범죄를 저지른 일명 막가파 범죄사건이었다. 이전에 일어났던 강력사건은 원한관계나 재산 문제, 사랑에 얽힌 문제로 비교적 살인 동기가 뚜렷했다. 하지만 위 두 사건은 이전과 성격이 전혀 다른 범죄 유형으로, 프로파일러 역할이 절실하게 필요했다.

2001년 서울에서 네 살 여자아이 납치사건이 일어났다. 법률, 의학, 과학을 연구하는 법의학 관계자는 정육점에서 일하는 사람이 범인일 가능성이 높다고 예측했다. 또 다른 전문가는 지능범이 벌인 범죄일 거라고 했다. 그러나 프로파일러는 다르게 예측했다. 납치된 아이의 부모는 어떤 사람과도 원한관계가 전혀 없고, 범죄자가 돈을 요구하지 않은 점을 볼 때 성적인 목적으로 납치됐을 가능성이 높다고 판단했다.

안타깝게도 아이는 일주일 만에 냉동 상태로 발견되었다. 프로파일러는 범인이 아이의 입을 손으로 막아서 소리가 밖으로 나가지 않게 했을 가능성을 생각했고, 이를 바탕으로 주변에 혼자 사는 남자가 범인일 가능성이 높다고 예측했다. 당시 경찰은 프로파일러의 의견을 중심으로 수사 범위를 점점 좁혀나갔고, 그 결과 프로파일링과 일치하는 범인을 잡았다.

2007년, 사형을 확정 받은 연쇄살인범이 있었다. 열세 명을 살해했고 스무 명을 크게 다치게 한 사람이었다. 경찰은 영장을 가지고 범인의 집에 들어가 증거가 될 만한 물건이 있는지 살폈다. 놀랍게도 범인의 책장에는 프로파일러의 인터뷰 기사와 사진들이 있었다.

'범죄자는 왜 프로파일러에 대해 연구했을까?'

그는 자료를 치밀하게 준비하여 수사망을 빠져나갈 생각이었다. 완전 범죄를 꿈꾼 것이다. 이 시기부터 프로파일러가 본격적으로 수사에 투입되었고 프로파일링 기법이 사용되기 시작했다.

어떤 사건이든지 범행 현장에는 범인이 남겨놓은 흔적이 있는 법이다. 범죄 증거는 그 범인이 한 행동 자체이다. 프로파일러는 바로 그런 범인의 행동을 놓치지 않는 사람들이다.

프로파일러가 필요해!

요즘 '사이코패스'라는 말이 뉴스나 방송에서 많이 나와 한 번쯤 들어봤을 것이다. 사이코패스는 끔찍한 범죄를 저지르면서 자기 안에 잠재된 정신질환이 밖으로 드러난다고 한다. 평소에는 일반인과 다르지 않아 가까이 있는 사람들조차 전혀 알아차리지 못한다고 전문가들은 말한다. 끔찍한 범행을 저지르고도 아무렇지 않은 듯 일상생활을 멀쩡하게 하는 경우가 흔하다고 알려져 있다. 이렇듯 범죄 동기가 확실하지 않을 때 수사를 위해 꼭 필요한 직업이 프로파일러이다.

프로파일러는 범행 동기를 밝혀내기 위해 프로파일링 기법을 사용한다. 나아가 사건 현장과 기록을 분석하고 사건을 풀어갈 만한 실마리가 나오면, 이를 수사팀 모두와 공유한다. 모든 사건에 프로파일러가 투입되는 것은 아니다. 프로파일러 스스로 분석이 필요한 사건이라고 판단되면 합류하지만, 주로 수사 현장에서 요청이 있을 때 합류한다. 특히 범죄 혐의가 있는 사람이 분노장애나 충돌조절장애가 있는 경우에 지원 요청을 받는다.

사건 기록만 보면 범인을 알 수 있다?

사건을 기록하는 일은 사람이 한다. 기록하는 사람의 입장에서 해석하고 사건을 보는 관점에 따라 작성되기 때문에 프로파일러는 반드시 사건 현장에 가서 직접 관찰을 한다. 또 수사관, 현장 감식요원, 검시관들과 이를 모두 공유한다. 현장 사진이 자세하게 남아 있다 하더라도 이런 절차를 거쳐야만 사건을 구체적으로 분석할 수 있다.

프로파일러는 무엇보다 범죄 용의자와 신뢰감을 형성하는 것이 중요하다. 2013년 인천에서 한 남자가 어머니와 형을 죽인 사건이 일어났다. 처음에 그는 어머니가 등산하러 간 후로 돌아오지 않는다고 실종 신고를 했다. 형도 행방을 알 수가 없었다. 이때 여성 프로파일러가 투입하여 그의 아내와 하룻밤을 지냈다고 한다. 다음날 아내는 자신이 그 사건의 공범이었음을 자백했고 시신이 묻힌 장소를 경찰에게 안내했다. 시신은 강원도 정선과 경북 울진에서 각각 발견되었다. 이 사건은 과소비와 도박 중독으로 빚을 갚기 위해 벌인 작은아들의 범행으로 밝혀졌다.

아무리 뛰어난 실력을 갖춘 프로파일러라고 해도 사건 기록만 보고는 범인을 알 수 없다. 그들은 언제든 사건이 일어난 현장으로 가서 범인을 찾아낸다.

과학과 직관이 모두 필요한 직업

프로파일링은 심리학이나 범죄학 이론을 활용하여 수사

를 진행한다. 심리학은 인간의 행동과 심리를 과학적으로 연구하는 학문이다. 프로파일러는 심리학을 통해 범죄자들의 행동과 심리를 파악한다. 범죄학 역시 범행 동기를 심리학과 비슷한 방법으로 이론을 정리한 학문이다. 심리학이나 범죄학을 활용한 프로파일링은 과학과 긴밀한 관계가 있다. 그러므로 프로파일러가 하는 일은 넓게 사회과학 분야로 보는 것이 좋다.

한편 프로파일러에게 '직관력'은 상당히 중요한 능력이다. 직관력이란 판단이나 추리 따위의 사유 작용을 거치지 않고 대상을 직접적으로 파악할 수 있는 능력이다. 이 능력이 중요한 이유는 용의자의 범죄 동기를 파악할 때 직감적으로 오는 감정이 매우 중요하기 때문이다. 범죄자의 입장이나 마음에서 범죄 행동을 생각해보기 때문에 공감하는 능력도 중요하다. 단, 프로파일러가 느끼는 직관적 느낌은 보고서에 쓰지 않으며 수사관에게 전달하지도 않는다.

프로파일러는 강력범죄자만 면담한다?

프로파일러는 늘 무시무시한 강력범죄자들만 상대할까? 반드시 그런 것은 아니다. 살인이나 강도 같은 강력범죄자와 면담을 많이 하는 것은 사실이지만, 매번 연쇄살인범이나 사이코패스 같은 정신질환자의 범행만 집중적으로 일어나는 것은 아니다. 여러 유형의 범죄가 많고, 프로파일러는 그 범죄자들도 만난다. 범죄를 더 심각하거나 덜 심각한 일로 나눌 수는 없다. 모든 사건에는 가해자와 피해자가 있고, 프로파일러는 가해자를 찾아 더 강도 높은 사건이 일어나지 않도록 예방해야 한다.

자살 사건인데 타살을 의심해볼 수 있는 사건, 용의자의 진술이 앞뒤가 맞지 않아 의심스러운 사건 등 프로파일러가 필요한 사건이라면 언제든지 용의자들을 만나 면담을 한다. 면담 횟수는 따로 정해놓지 않으며 사건이 해결될 때까지 만날 수 있다.

프로파일러가 범죄자를 면담하고 해결하는 일만 하는 것은 아니다. 범죄가 일어난 장소와 그 공간의 특징은 어떠한지를 분석하고, 범죄자가 다음 범행을 할 가능성이 있는 위치를 예측하면서, 통계를 이용해 이를 분석하는 지리 프로파일링도 그들의 역할이다.

프로파일러가 해결하지 못한 사건은 없다?

오랜 세월 동안 해결되지 않은 미제사건은 대부분 증거 자료가 충분하지 않다. 1998년에 발생한 서울 강남 '사바이 단란주점' 살인사건은 현재까지 범인을 잡지 못했다. 생존자와 목격자가 있으나 CCTV가 없어 범인으로 지목할 만한 근거가 없는 사건이다. 2005년 4월에 일어난 울산 무거동 야산 토막살인사건은 사망자가 누구인지 알아볼 수 없을 만큼 시신이 훼손되었다. 사망자의 신원을 알지 못하면 수사 범위를 좁히기 어려워서 미제사건으로 남을 가능성이 높다. 프로파일러에게도 오래 전의 미제사건은 해결하기 어렵다. 하지만 범죄 유형을 보고 범인의 나이나 범행 동기, 범행 심리 정도는 추측할 수 있다.

1999년 5월 대구에서 어린이에게 황산을 부은 테러사건이 일어났다. 범인은 10년이 넘도록 잡히지 않았고, 공소시효도 얼마 남지 않았다. 공소시효란 어떤 범죄사건이 일정 기간이 지나면 처벌하는 권한이 없어지는 제도다. 그러나 2017년 명백한 살인사건에 대해서는 공소시효를 폐지해야 한다는 여론으로 '태완이법'이 발의되어 통과되었다. 그 결과 살인사건의 공소시효가 사라지면서 '중요미제사건수사팀'이 만들어졌다. 그 후 55건의 미제강력사건을 해결했고 화성연쇄살인사건의 진범을 잡았다. 2021년 현재 약 200여 건의 미제사건이 남아 있다.

프로파일링 보고서, 법적 효력 있다!

'프로파일링 보고서'는 프로파일러가 쓴 보고서다. 이 보고서는 법정에서 증거 목록에 포함되는 경우도 있지만, 이 보고서만 보고 범인에게 형벌을 내릴 수는 없다. 하지만 검사들 중에 가장 먼저 보는 것이 '프로파일링 보고서'라고 대답하는 사람이 있을 만큼 신뢰도가 높은 문서이다.

프로파일링 보고서가 법적 증거로 인정된 최초의 사례는 무엇일까?

2002년 아산 갱티고개에서 일어난 살인사건은 약 15년 동안 범인을 잡지 못했다. 2017년 1월 충남지방청은 프로파일러 여덟 명과 수사팀을 꾸리고 2박 3일 동안 아산 갱티고개 살인사건 수사파일을 다시 작성하여 재조사에 들어갔다. 경찰은 과거에 지목되었던 용의자를 살펴보면서 이 사건과 비슷한 전과가 있는 사람을 용의자로 다시 지목했다.

그 용의자는 살해당한 사람과 서로 아는 사이였다. 그러나 그는 죽은 사람의 차에서 발견된 피를 분석한 결과 DNA가 다르다는 이유로 수사 대상에서 빠진 사람이었다. 프로파일러들은 '그 피가 이 사람이 아닌 또 다른 공범의 피라면?'이라는 의문을 가졌고 용의자를 경찰서로 불렀다. 용의자는 일곱 시간 동안 집중조사를 받는 과정에서 공범이 있었다는 사실을 인정했고, 돈이 필요하여 범행을 저질렀다고 자백했다. 경찰은 공범을 잡으면서 장기간 해결되지 않았던 사건을 드디어 마무리했다.

프로파일러의 특징과
필요한 능력

강력사건을 해결하는 방법은 정확한 이론과 자료를 바탕으로 해야 하지만 그것이 전부는 아니다. 만약 현장에 가지 않고 눈에 보이는 것으로만 프로파일링을 한다면 어떤 결과를 기대할 수 있을까? 또 범죄 피해자의 아픔과 두려움을 느끼지 못하는 프로파일러라면 실제 얻을 수 있는 효과는 매우 적을 것이다. 따라서 프로파일러는 사건 현장으로 가야 한다.

특히 강력사건은 현장을 보지 않고는 사건을 분석할 수 없다. 혹시 그런 경우가 있다 해도 정확성이 떨어진다. 프로파일러는 사건을 정확하게 분석하기 위해 범행 장소를 오가며 작은 단서를 하나라도 잡아야 한다. 이것이 프로파일러가 가장 먼저 해야 하는 일이다.

프로파일러는 나침반이다

프로파일러를 무조건 믿고 의지하는 것은 올바른 수사 방법이 아니다. 영화나 드라마 속에서 범인을 신속하게 잡고 자백까지 일사천리로 받아내는 프로파일러는 현실에 존재하지 않는다. 앞에서도 말했지만 프로파일러는 히어로나 초능력자가 아니다. 이런 지나친 기대감은 착각이고 잘못된 정보이다. 프로파일러가 하는 일도 수사의 일종이지만, 사건 현장에서 수사를 하고 범인을 잡는 사람은 수사관들이다.

프로파일러는 프로파일링 기법을 사용하여 범인일 가능성이 높은 사람들의 범위를 좁히면서 수사의 방향을 안내하는 나침판 역할을 한다. 범인이나 용의자들과 면담을 하면서 그들이 어린 시절을 어떻게 보냈는지, 가정환경과 그때 느낀 감정은 어땠는지 대화를 나눈다. 사소한 것 같지만 매우 중요한 일이다. 그렇게 범인이나 용의자들의 성격을 파악하고 범행 동기를 예측하면서 선명한 그림을 완성해가듯이 사건 동기를 밝혀낸다.

프로파일러의 훈련법

프로파일러에게 가장 좋은 훈련법은 범죄 현장에 많이 가보는 것이다. 처음 갔을 때는 보이지 않던 것이 수십 번

가면 하나둘 보이기 시작한다고 한다. 수백 번 가면 그만큼 더 다른 것이 보이는 것이다.

범죄 현장을 다니며 하나씩 모은 증거 조각들을 꼼꼼하게 맞추다 보면 범인을 잡을 수 있는 퍼즐이 완성되기도 한다. 이렇게 되기까지 한 부분에만 집착하지 않고 전체를 보는 훈련을 하면 프로파일로서의 눈이 떠진다. 범죄 현장을 오가면서 보이기 시작하는 흔적들을 하나씩 모으는 일을 반복하다 보면 어떤 범죄든지 범인의 행동 유형이나 범행 동기를 찾을 수 있게 된다.

이렇듯 프로파일러의 훈련은 현장을 끊임없이 오가면서 이뤄진다. 범인을 잡을 때까지 피해자의 아픔을 느끼면서, 때로는 범인까지 되어보는 과정을 통해 얻어내는 눈물겨운 시간의 결과물이다.

여성 프로파일러의 장점

2005년 범죄분석 요원 1기 특별채용에서 여성 프로파일러 열 명이 뽑혔다. 그들은 현재 프로파일러로 계속 일하는 사람도 있고, 법무부나 경찰 부서로 자리를 옮기기도 했다. 프로파일러는 지금까지 60여 명을 특채로 뽑았고, 대략 40명 정도가 현재 활동하고 있다. 이 중 70%가 여성 프로파일러이다.

우리나라에서 활동하는 프로파일러 열 명 중에 일곱 명이 여성 프로파일러이다. 그만큼 많은 여성들이 이 직업에 지원을 하고 있다는 뜻이다. 여성은 섬세한 성격을 지니고 있어, 범죄자와 면담을 할 때 범죄자들의 경계심을 풀게 한다는 장점이 있다.

범죄자와의 면담은 매우 중요하다. 면담할 때 집중하여 잘 들으며 관찰하다 보면 결정적인 단서를 얻을 수 있다. 범인의 행동에서도 많은 것을 읽을 수 있다. 예를 들어, 범죄자가 늘 머리카락으로 얼굴을 가리고 다닌다면 그것은 모든 것을 자기중심으로 생각하는 사람이라고 판단해볼 수 있다. 그러나 어떤 행동도 단정할 수 있는 것은 없으며 반드시 의심해보아야 한다.

세상의 모든 강력사건은 사람과 사람 사이에서 일어난다. 그러므로 프로파일러가 가장 먼저 갖춰야 할 자세는 기본적으로 사람에 대한 관심과 애정이다.

프로파일러가 되기 위한 조건

경찰대학에 진학하면 프로파일러가 될 수 있을 거라고 생각하는 사람들이 있다. 이것은 잘못 생각한 것이다. 프로파일러가 되려면 범죄심리학을 공부해야 하는데, 경찰대학에는 범죄심리학 자체가 없다.

프로파일러가 되려면 심리학 공부를 하는 게 가장 빠른 길이다. 또 다른 방법은 군인이나 수사 기관에서 2년 이상 일한 경력이 있다면 지원할 수 있다.

신체 조건도 매우 중요하다. 키는 남자 167cm이상이고, 여자 157cm이상이어야 한다. 체중은 남자 57kg이상, 여자 47kg이상이면 된다. 두 겨드랑이 사이로 가슴과 등을 둘러 잰 길이를 흉위라고 하는데, 이것이 키의 2/1이면 된다. 단, 여자에게는 이 조건이 없다.

시력은 왼쪽과 오른쪽 교정시력을 포함하여 0.8이상이어야 한다. 색깔을 보는 감각인 색신(색을 분별하는 능력이 부족한 색약이나 색맹을 일컫는 말이다. 정도에 따라 약도, 중도, 강도 색신으로 나뉜다.)도 이상이 없어야 한다. 종합병원이나 국공립의료원 안과의사의 검사결과 약도 색신으로 판정되었어도 시험에 응시해볼 수는 있다.

청력은 정상, 혈압은 고혈압이나 저혈압이 아니어야 한다. 확장기 90-60mmHg, 수축기는 145-90mmHg가 기준이다. 사시가 아니어야 하며, 팔과 다리, 가슴과 배, 구강에 질환이 없어야 한다.

경찰공무원 제7조 제2항 각 호의 임용결격사유에 해당되거나, 공무원임용시험령 관계법령에 의하여 응시자격을 정지당한 사람은 시험에 응시할 수 없다.

프로파일러에게 필요한 능력

프로파일러에게는 범인의 마음을 꿰뚫어 보는 능력이 중요하다. 범인의 행동을 통해 어떤 심리로 그런 범죄를 저질렀는지 예측하려면 범인의 입장에서 수없이 생각해보아야 가능하다. 이러한 능력이 필요하므로 심리학이나 사회학을 전공한 사람이 유리하다. 범죄학을 전공한 석사 이상 학위를 가졌거나 통계학을 공부했다면 더 좋다.

프로파일러에게 통계학은 왜 필요할까? 범죄사건은 나날이 다양해지고 있다. 여러 가지 많은 사건을 분석하고 모아진 자료를 분류하여 통계를 내는 것은 범죄자의 범위를 빠르게 좁히는 데 도움이 된다. 나아가 범죄를 예방하는 데에도 필요하다.

프로파일러는 빠른 판단력과 오래 참고 기다릴 수 있는 성격의 사람에게 유리하다. 범죄자와 심리전을 펼쳐야 하는 상황에서 먼저 지친다면 좋은 결과를 기대하기 힘들기 때문이다. 끈기로 버티면서 범인을 추적하고 빠르게 판단하는 능력이 있어야 한다. 또 범인을 잡겠다는 책임감과 그 분야에서 최고가 되겠다는 자세도 중요하다. 현장에서 끈기 있게 10년 정도 일하다 보면 범죄자의 마음을 들여다보는 능력이 생기므로 조급하게 생각하지 않아도 된다. 무엇보다 현장성과 경험이 중요한 직업이기 때문이다.

범인이 도망간 길이나 숨어 있을 만한 장소를 여러 각도로 볼 줄 아는 능력이 남다르다면 수사의 성공 가능성이 높아진다. 프로파일러는 담당 형사와 과학수사요원과 함께 사건을 진행한다. 본인이 아무리 능력이 뛰어나도 자기 판단만 믿고 수사의 방향을 무리하게 끌고 가지 않는다. 따라서 함께 일하는 사람들과 의사소통을 잘하고, 타인을 믿고 신뢰감을 주는 성품이 여러 사람과 함께 일하기에 충분한 조건이 된다.

프로파일러에게는 창의력도 중요하다. 범인이 누구인지 모르기 때문에 범죄자를 마음에서 먼저 찾아야 한다. 범행 흔적을 쫓으려면 남이 생각하지 않는 자신만의 독특한 방법으로 추적을 해야 한다. 어떤 행동을 할지 예측할 수 없는 사람을 '날쌔 같다'고 하거나 '어디로 튈지 모르는 메뚜기 같다'고 한다. 범인의 행동도 이와 같이 딱 정해져 있는 게 아니다. 수사에 혼선을 줄 정도로 특이하며 기괴한 방법으로 범죄를 저지른다.

때문에 프로파일러도 특이한 발상을 해보아야 한다. 그러려면 국내외 사건을 많이 접해야 하고 자료도 많이 모아야 한다. 창의력과 분석력이 고루 갖춰질 때 프로파일로서의 능력과 역할이 더욱 돋보인다. 프로파일러는 범죄자의 흔적을 보고 섬세하게 분석하여 범인이 누구일지 예상하고 어디에 숨어 있을지도 예측한다. 실제로 프로파일러가 지목한 범인이 예상한 장소에서 잡히는 경우도 많다.

프로파일러는 일반 사람들이 상상하기 어려운 잔혹한 범행 현장을 본다. 강력범죄자와 마주하는 것뿐만 아니라, 대화를 나누며 그의 마음을 움직여야 한다. 그렇다 보니 사회의 어두운 면만 자주 생각하고 공포로 다가와 마음이 힘들어지기도 한다. 심각한 범죄와 범죄자들에게 늘 노출되어 있다 보니, 가족들의 안전에 대해서도 극도로 예민해진다고 한다.

그러나 그들에게는 이 모든 어려운 점들을 넘어서는 사명감이 있다. 사건 현장에 남겨진 흔적을 찾고 사건의 윤곽을 잡으면서 범인을 잡기까지, 그들은 늘 피해자와 다른 시민들을 기억한다. 자신이 그 일을 꼭 해야만 한다는 책임감이 그들의 유일한 원동력이다.

프로파일러 역사와 용어

프로파일러(profiler)

우리나라 말로 '범죄심리분석관'으로 해석되며, 주로 '프로파일러'로 사용한다. 프로파일러는 1991년 영화 〈양들의 침묵〉이 개봉되면서 우리나라 대중들에게 처음 알려졌다. 이 영화의 주인공 클라리스 스털링은 FBI 수습요원으로 연쇄살인범의 마음을 하나부터 열까지 다 꿰뚫어 보는 역할로 나오는데, 실제로 그런 능력을 발휘하려면 범죄심리학을 깊이 연구해야 가능하다.

범죄심리학

범죄심리학이란 범죄사건이나 과거와 유사한 사건이 일

어나지 않도록 예방하는 것을 목적으로 연구하는 심리학의 한 부분이다. 범인이 왜 범죄를 일으켰는지, 해당 범죄자의 범행 방법은 어떤 특징이 있는지, 범죄자가 어린 시절에 어떤 환경에서 자랐고 범행과 어떤 연관이 있는지 여러 각도로 생각하고 연구하는 학문이다.

범죄심리학을 활용하는 직업은 두 가지가 있다. '범죄심리학자'와 '프로파일러'인데 두 직업은 비슷해 보이지만 조금 다르다.

범죄심리학자는 학문으로서 '연구'하는 일에 더 집중하고, 프로파일러는 현장에서 범죄자의 심리를 '분석'하는 일에 더 집중한다. 그들이 각각 연구하고 분석하는 것이 범죄 사건을 해결하는 데 활용된다는 면에서 비슷하다고 볼 수 있다.

지오프로스(GeoPros)

지오프로스는 지리 프로파일링(Geographic Profiling)을 뜻하는 말이다.

연쇄살인범은 살인 대상을 찾아 공격하는데, 그 방법에서 범인의 성격을 알 수 있고, 오래된 습관 같은 것이 드러난다. 범행 장소에서 범인이 사용한 범행 수법을 보며 범인이 머릿속으로 생각한 살인 계획을 '심리지도'라 한다. 그

것을 꿰뚫어 보는 것이 지리 프로파일링이다. 사건이 일어난 장소와 주변에서 용의자가 움직이는 거리와 방향을 파악하여 범인을 예측하는 방법이다.

지오프로스는 캐나다 밴쿠버의 경찰관 로스머가 20년 동안 일한 경험을 바탕으로 만든 기법이다. 우리나라에서는 경찰 출신 강은경 씨가 2009년에 최초 개발했다. 범죄가 자주 일어나는 위험 지역과 범인이 사는 집 등을 경찰의 범죄 수사 정보와 결합하여 범인을 예측하는 것이 지리 프로파일링이다.

법정 드라마 〈캐리어를 끄는 여자〉에서 지오프로스 용어가 소개되어 알려졌다.

사이코패스

사이코패스는 '성격장애' 혹은 '반사회성 성격장애'라는 뜻이다. 이 장애를 가진 사람은 감정을 관여하는 뇌 전두엽이 일반인과 비교했을 때 15% 정도밖에 움직이지 않는다. 그 결과 감정을 느끼는 부분이 적기 때문에 상대방의 입장을 이해하거나 공감하지 못하며 이기적이고 충동적으로 행동한다.

'사이코패스' 성향이 있다고 하여 모두가 연쇄살인을 하는 것은 아니지만, 강도나 성범죄, 인터넷 해킹 같은 범죄를 일으키는 경우가 많다.

그들은 거짓말을 잘하는데 그것이 들통 나는 경우에는 또 다른 거짓말을 생각해내기도 한다. 다른 사람의 감정을 공감하지 못하지만, 자신의 감정과 고통에는 매우 민감하고 자기 행동을 통제하지 못하는 것이 특징이다.

제노비스 신드롬

제노비스 신드롬은 '구경꾼 효과'를 뜻하는 말로 '방관자 효과'라고도 한다. 방관자는 일어난 일에 전혀 관심이 없고 상관하지도 않으며 가까이서 그냥 지켜보는 사람이다.

거리에서 한 남자가 여성을 폭행하는 일이 벌어졌다고 해보자. 누군가 용기를 내어 말리려고 하는데 가해자가 "남의 가정 일에 상관하지 말라."며 위협적인 몸짓으로 소리를 질렀다. 이런 경우 주변에 있는 사람들이 모른 체 외면하고 지나치거나, 강 건너 불구경 하듯 한다.

이렇게 사람들은 혼자 있을 때보다 주위에 사람이 많을 때 책임감을 적게 느낀다. '내 일이 아니야. 누군가가 도와주겠지.'라는 심리 상태로, 어려운 상황에 처한 낯선 사람을 도와주지 않을 때 '제노비스 신드롬'이라고 한다.

롬브로소의 이론

고전 범죄학에서는 살인을 할 상황이 되면 누구라도 범죄를 저지를 수 있다고 주장했다. 인간은 동생 아벨을 죽인 형 카인의 후예이기 때문이라는 생각에서 비롯되었다. 그러나 롬브로소라는 사람이 이 주장을 반박했고, 범죄심리학을 처음으로 만들었다.

롬브로소는 인간과 침팬지가 크게 다른 만큼, 범죄자와 일반시민도 크게 다르다고 주장했다. 그에 따르면, 범죄자는 태어날 때부터 조상의 체질이나 성질을 물려받으며 신체에 어떤 특징이 있다고 주장했다.

범죄자들은 뒤로 기울어진 이마, 지나치게 큰 귀, 튀어나온 턱, 균형이 맞지 않는 긴 팔을 가지고 있다고 생각했다. 아울러 신체 특징에 따라 어떤 범죄를 저지를지 예측할 수 있다는 황당한 주장을 펼쳤다. 또한 범죄자는 통증을 잘 견디고, 충동적이며 후회나 반성을 하지 않는다고 말했다.

그가 활약한 19세기 후반은 유전학에 대한 연구와 이해가 부족한 때였다.

헷갈리는 법률 용어

피해자: 피해를 입은 사람이다. 고소는 피해자가 하며,

고소를 하면 고소인이 된다.

피의자: 죄를 지은 사람이다. 범인으로 의심이 되어 수사 기관에서 수사를 받는 사람을 말한다.

피고인: 형사 책임을 져야 하는 사람으로, 소송을 할 수 있다. 피의자와 피고인은 어떻게 다를까? 수사를 받으면 피의자 신분이고, 재판을 받으면 피고인 신분이 된다.

용의자: 어떤 범죄를 저질렀다는 의심을 받아서 수사 대상에 오른 사람을 나타내는 말이다.

2장
내가 프로파일러가
되기까지

프로파일러 능력
들여다보기

　범죄 수법이 나날이 다양해지고 지능적이며, 더욱 강력해지고 있다. 그 결과 범행 동기를 수수께끼처럼 풀어야 하고 설명하기도 힘들어 범인을 잡는 일이 더 어려워졌다. 증거를 남기지 않는 범행이 점점 증가해 범죄 현장에서 얻은 단서를 바탕으로 용의자의 범위를 좁혀가는 프로파일러의 역할이 중요해지고 있다. 프로파일러가 범죄자와 면담을 하고 자백을 받아내는 일이 매우 중요한 증거로 작용되기 때문이다.

　2019년 9월, 화성연쇄살인사건의 용의자 DNA가 밝혀졌다. 첫 사건이 발생한 지 33년 만에 밝혀져 공소시효가 끝났으므로 범죄자를 처벌할 방법은 없었다.

　남아 있는 증거는 충분하지 않고 수사관의 기억마저 희미해진 경우 용의자의 자백을 받고 확인하는 방법이 가장 정확한 증거가 된다. 프로파일러가 용의자의 자백을 받으려면 용의자의 감정을 파고들어 정서적으로 신뢰감을 형성해야 한다. 지금까지 강력사건 중에서 용의자의 자백으로 해결된 사건들이 있는데 그 역할을 하는 사람이 프로파일러이다.

범죄자에게 신뢰감을 준다

만난 지 얼마 되지 않았지만 속마음을 털어놓고 싶은 사람이 있다. 마음속에 숨겨놓은 자신만의 비밀 이야기를 해도 편안한 마음이 드는 것은 그 사람에 대한 신뢰감이 형성되었기 때문이다. 그것을 심리학 용어로 라포르rapport라고 한다. 사람 사이에 생긴 친밀한 관계, 또는 서로를 공감하고 믿는 신뢰 상태를 나타내는 용어이다. 프로파일러가 범죄자와 면담을 할 때 '라포르'는 성공적인 면담을 이끄는 가장 중요한 열쇠가 된다. 서로 신뢰감이 형성되었다면 숨겨진 자기만의 이야기를 말하고 싶어진다.

라포르를 형성하는 방법에 대해 알아보자.

① 진심으로 상대방을 알고 싶어 하라.
② 상대방이 관심을 갖도록 외모에 신경을 써라.

③ 상대방의 말에 경청하라.

④ 내가 상대방에게 어떤 영향을 주는지 알아야 한다.

⑤ 대화의 주제는 상대방이며 나는 주로 듣는 사람이 돼라.

⑥ 상대방의 말에 고개를 끄덕이거나 "그랬군요!", "화가 많이 났군요!" 하고 공감하는 것이 신뢰감을 주는 핵심이다.

⑦ 다양한 지식을 넓게 습득하라.

⑧ 호기심을 개발하라.

⑨ 사람들에게 필요한 것을 채워줄 방법을 생각하라.

프로파일러가 용의자를 만날 때도 상담자와 내담자가 만나 상담할 때처럼 신뢰감이 형성되어야 마음을 열 수 있다. 죄는 미워하되 사람은 미워하지 말라는 말이 있다. 프로파일러 마음가짐이 그러해야 범죄자를 인간적으로 대하며 이야기를 나눌 수 있다.

뛰어난 공감 능력

프로파일러는 용의자를 만날 때 2인 1조나 3인 1조로 들어간다. 한 사람은 용의자와 대화를 나누고, 다른 한 사람은 용의자를 관찰한다. 어떤 말을 할 때 용의자가 어떻게 반응하는지, 또한 어떤 말에 행동이 어떻게 변하는지 기록하는 관찰 일지를 만들고 분석한다.

　강력 성범죄 용의자를 면담할 때 여성 프로파일러가 투입되는 경우가 많다. 용의자가 여성 프로파일러를 보면 긴장감을 풀고 라포르를 보다 쉽게 형성하기 때문이다. "000 씨, 식사는 하셨어요?"라고 묻는 말이 서로의 신뢰관계를 만들어가는 첫 단계이다. 여성 프로파일러가 용의자에게 000 씨, 혹은 000 선생님이란 호칭을 쓰고 신뢰관계를 만들면서 유도했을 때 생각보다 빨리 자백을 받아낸 사건도 있었다.

　여성 프로파일러가 강력 성범죄사건에 투입되었다고 해보자. 예를 들어 용의자가 프로파일러에게 결혼을 했느냐고 물었다. 그럼 프로파일러는 '아가씨'나, '아이 엄마'라고 대답해 친숙한 분위기를 만들려고 노력할 것이다. 어떤 상황에서든지 용의자가 하는 말에 공감하고, 성의껏 대답하여 분위기를 좋게 하려는 의도이다.

　용의자가 기분이 안 좋아 보이면 프로파일러는 느낀 대로 말하기도 한다. "기분이 안 좋아 보이는데, 정말 기분이 안 좋은 건가요?"라고 묻는다. 또는 "내가 묻는 말이 싫으면 싫다고 말씀하세요."라고 이야기하면서 용의자의 반응을 살피며 조사한다.

"혹시 마음이 불편하면 말씀해주세요!"라는 식으로 말을 건네는 이유는 어떤 의미에서는 인간 존중일 수도 있고 분위기를 부드럽게 유지하려는 의도이기도 하다. 이렇듯 서로 존중하고 공감을 하며 신뢰감을 만들어가야 한다. 이러한 면담을 통해 사건을 해결하고 범인을 찾는 일이 많이 있었다.

연쇄살인사건으로 우리나라를 뒤흔들었던 한 범죄자는 프로파일러와 아홉 차례를 면담한 뒤에, 자신이 벌인 일이라고 자백했다. 또 해결되지 않은 5건의 사건과 강간 범행 30차례도 자신이 저지른 일이라고 말했다. 그뿐만이 아니었다. 열한 번째 프로파일러를 만났을 때 그는 이와 비슷한 범죄사건으로 마무리된 미제 사건도 자신의 범행이라고 자백했다. 이는 프로파일러가 용의자를 공감하고 신뢰감으로 얻어낸 결과였다. 만약 그 연쇄살인사건의 범인이 지금까지 밝혀지지 않았다면 어땠을까? 아마도 많은 시민들이 여전히 불안에 떨고 있을 것이다.

수십 번 반복은 기본

영화나 드라마에서는 프로파일러가 용의자 유형을 매우 빠르고 정확하게 추리해낸다. 그래서 어떤 강력사건이라도 금방 해결될 것 같은 느낌이 들게 한다. 하지만 실제로 강력사건을 분석하는 것은 대단히 어려운 일이다. 사건 현장을 수십 번 들락거리고 현장 사진을 여러 차례 반복해서 들여다보고, 다른 수사 자료를 보며 비교하여 사건을 분석해도 쉽게 풀리지 않을 때가 더 많다. 그 분석과 추리가 맞는지 검토하는 과정도 매우 까다롭다.

이러한 과정은 프로파일러 혼자서는 해낼 수 없다. 다른 프로파일러들과 끊임없이 토론하고 담당 형사와 현장 감식반, 혈흔형태분석 전문가와 여러 가지 정보를 주고받으며 함께 찾아야 한다.

영국의 초기 프로파일링

1888년 가을, 영국 런던 이스트엔드 지역에서 3개월 동안 다섯 명의 여성이 살해당하는 사건이 벌어졌다. 범행은 매우 잔혹했다. 살인을 하고 시신의 내장을 꺼내 주변에 전시하듯 펼쳐놓는 연쇄살인이었다. 첫 번째 피해자가 생겼을 때 어느 신문사에 편지 한 통이 배달되었다. 피로 쓴 글씨로 자신이 그 여성을 살해한 범인이며 이름은 '잭 더 리퍼'라고 주장했다.

이 사건을 처음 프로파일링한 사람이 외과의사 토머스 본드 박사였다. 런던 웨스트민스터 경찰 소속이었던 그는 시신을 부검한 뒤 사건을 분석했다. 그 결과 범인은 일정한 직업이 없지만 옷을 깔끔하게 입고 다니는 중년 남자일 거라고 예측했다. 또 가족에게 살인범이라는 의심을 받고 있을 거라고 말했다. 하지만 영국 경찰은 연쇄살인범을 잡는데 실패했고, 이 사건은 오랫동안 해결되지 않은 채 미제로 남았다. 그 후 이와 비슷한 사건이 또 일어나 피해자가 추가로 생겼지만 피해자가 몇 명인지 정확한 통계조차 내지 못한 사건이었다.

비전문가들의 프로파일링

프로파일링은 자료를 수집하여 정보를 재구성하는 일이다. 수사 용어로는 범죄유형분석법이라고 한다. 범인의 나이, 성격, 직업, 습관, 범행 수법을 추론하여 범인을 특정해내는 수사 기법이다. 지금은 현대 과학과 기술의 발달로 범죄수사 프로파일링 기법이 전문 프로파일러만의 영역은 아닌 것이 되었다.

예를 들어 수많은 익명의 누리꾼들이 각자 자신의 전문 지식과 노하우를 동원하여 사소한 실마리를 찾아 나섰다가 거대한 정보를 얻기도 한다. 이렇게 모아진 정보로 어느 정도의 프로파일링이 가능해진다.

프로파일링 기법은 일반인들에게도 흥미로운 영역이다. 웹이나 모바일상에서 인터넷이나 SNS를 사용할 때 이름,

나이, 사는 곳, 출신학교, 결혼 여부를 입력하고 공개, 비공개를 선택하는 것은 "당신은 이것을 공유하시겠습니까?"라고 묻는 것과 다르지 않다. 온라인에서 서비스를 제공받으려면 사생활 영역을 어느 정도 노출할 수밖에 없다. 따라서 개인 정보를 모아 신상파일을 만드는 프로파일링이 최근에 무척 쉬워졌다.

그러나 확인되지 않은 정보만 가지고 특정인을 범인으로 지목해 그 사람의 개인 정보를 수집하여 퍼트리는 일은 법적으로 문제가 생길 수 있으니 이를 유의해야 한다.

프로파일러가 되려면
어떻게 준비할까

　프로파일러라는 직업은 어떻게 해서 생겨났을까? 1956년 미국에서 일어난 폭탄테러 사건으로 거슬러 올라가보자. 당시 미국은 16년 동안 폭탄테러가 끊이지 않았다. 경찰은 하루라도 빨리 범인을 잡아야 했다. 하지만 모든 노력에도 불구하고 범인은 잡히지 않았다. 범인에 대한 실마리조차 잡지 못했을 때, 기존과 다른 방법으로 수사를 진행하기 위해 제임스 A. 브뤼셀(정신과 의사)을 사건에 투입시켰고, 이는 테러범을 검거하는 데 지대한 영향을 미쳤다. 그는 범죄 현장을 세밀하게 관찰하고 추리하기 시작했다.

　그가 기록한 내용 일부분을 읽어보자.

・50세 정도 된 남자이고 편집증 환자일 가능성이 높음.

- 체격이 좋고 키가 크며 외모가 좋지만 소심한 성격으로 보임.

- 결혼은 하지 않았지만 여자 친척과 함께 살 수도 있음.

- 영어를 잘 못하는 이민자이거나 이민자 아들일 수 있음.

이것을 바탕으로 프로파일링 수사가 탄생했고, 그 사실이 미국에 알려졌다. 이 프로파일링은 훗날 대단하고 섬세한 추리로 평가를 받으며 화제가 되었고, 프로파일링을 적용한 수사가 더 발전하는 계기로 이어졌다.

프로파일러가 되기 위한 마음가짐

프로파일러가 되려면 심리학이나 사회학, 범죄학 중에서 한 가지는 석사 학위를 가지고 있어야 한다. 이런 전문 지식은 물론이고, 봉사정신, 도덕정신, 준법정신 등 인성과 마음가짐을 잘 갖추는 것도 매우 중요하다. 관련된 공부도 중요하지만 평소에 주변 사람들에게 관심을 갖고 소통하면서 주변 사물을 관찰하는 자세를 가져야 한다. 이를 위해서는 무엇보다 사람에 대한 관심과 이해가 가장 중요한 요소이다. 아울러 평소에 사회 문제에 관심을 갖고 생각해보는 연습을 해보자.

프로파일러의 실제 모습은 영화나 드라마에서 보는 것과는 많이 다르다. 등장인물의 멋있는 모습만 보고 프로파일러를 꿈꾸는 학생이라면 이 직업에 대해 더 깊이 생각하고 결정하는 게 좋겠다. 그러나 프로파일러가 어떤 면에서 매력적인 직업이 분명하므로 많은 사람들이 프로파일러를 꿈꾸며 관심을 갖는 것 아니겠는가. 앞으로 여러분 중에 대단한 활약을 하는 프로파일러가 나오기를 기대한다.

프로파일러에게 필요한 세 가지

프로파일러는 인간의 본성에 대해 깊이 생각하고 그와 관련된 정보와 지식도 많이 알고 있어야 한다. 인간의 본성을 알기 위해서는 때로 심리학자나 상담가 같은 마음으로 피해자, 범죄자, 수사관 같은 사람들을 깊이 이해하는 마음가짐을 지녀야 한다. 이것이 프로파일러의 첫 걸음이다.

프로파일러는 대중을 의식하며 허세를 부리지 않아야 한다. 대중이 궁금해하는 사건을 다룰 때 범인을 추정하지 못한 상황에서 어떤 부류의 사람이 범인이라고 단정하면 많은 시선을 끌 수 있을지도 모른다. 그러나 그것은 프로파일러의 올바른 자세가 아니다. 영웅 심리나 허세로 범인을 잡기는 어렵다. 사건을 꼭 해결하고 범인을 잡겠다는 마음으로 끈기 있게 일하면서 조급함과 허세 같은 유혹에 휘말리지 말아야 한다.

프로파일러는 멋진 추리력을 가져야 한다. 추리는 시각,

청각, 촉각, 미각, 후각의 다섯 가지 감각뿐만 아니라, 종합적인 감각으로 해야 한다. 프로파일링은 자료를 바탕으로 철저하게 검토하여 얻어진 결과이므로 단순히 감각만으로는 사건을 해결할 수 없다. 프로파일러의 추리 능력은 교육과 노력에 의해서 배울 수 있지만, 짧은 시간 안에는 얻을 수 없는 능력이다.

프로파일러는 순발력 있는 추산능력이 있어야 한다. 어떤 사건의 자료를 충분히 수집하고도 이를 판단하고 분석하는 능력이 없다면 사건의 윤곽을 잡기가 무척 어려울 것이다. 미루어 짐작하고 정확하게 판단하는 능력은 후천적으로 기를 수 있는 능력이니, 본인이 타고나지 않았다고 실망할 필요는 없다.

프로파일러가 되기 위한 준비

경찰관이 된 후 심리학을 공부하여 프로파일러가 되는 사람이 있다. 또는 심리학을 공부한 사람이 경찰관이 되어 프로파일러가 되는 경우도 있다. 이 둘의 공통점은 심리학을 공부한다는 점이다. 프로파일러가 되기 위해서는 반드시 심리학 공부를 해야 한다. 그 이유는 무엇일까?

심리학은 사람의 마음과 행동을 연구하는 학문이다. 눈에 보이지 않는 마음을 연구한다는 것은 눈을 감고 손에

느껴지는 촉각으로 어떤 사물을 알아내는 것처럼 정확하지 않다. 사람에게 드러나는 행동을 관찰하고 마음을 읽어내는 일이므로 심리학은 마음과 행동을 연구하는 학문이라고 할 수 있다.

심리학은 인간의 어떤 마음과 행동을 연구하는 것일까?

첫째, 심리학은 몸의 생리 과정을 연구한다. 몸은 인간의 뇌를 중심으로 우리 몸에 뻗어 있는 신경계가 마음과 행동에 영향을 미쳐서 어떤 작용을 하므로, 심리학에서 중요한 부분을 차지한다.

둘째, 심리학은 심리 과정을 연구한다. 심리 과정은 인간을 이해하고 자신을 돌아보며 반성하고, 타인과 관계를 맺으며 드러나는 과정이다. 갈등과 고난을 겪은 뒤에 교훈을 얻으면서 내면의 성숙이 이루어지기 때문이다.

셋째, 심리학은 사회 과정을 연구한다. 사회 과정은 사람들이 결합되는 과정이자, 집단생활에서 새로 생겨나고 변화되며 발전하는 과정이다. 인간은 누구와 함께 살아가는지, 어떤 환경에 있는지에 따라 마음과 행동이 달라지므로, 사회 과정 또한 심리학에서 다루는 중요한 부분이다.

이렇게 사람을 이해하고 알아가려면 심리학 공부가 반드시 필요하다.

프로파일러는 범인이 숨겨놓고 열지 않는 마음을 보기

위해서 그 사람의 범행을 분석한다. 행동을 관찰하면 숨겨 놓은 마음이 어떤 식으로든 드러나기 때문에 거기서 범행의 단서를 찾아낼 수 있다.

심리학에서 범죄심리학이라는 학문은 프로파일러와 가장 깊은 연관이 깊다. 우리나라는 현재 일부 대학원에서만 범죄심리학을 공부할 수 있는 상황이다. 인류학이나 상담 기법을 전공하는 것도 프로파일러 업무에 많은 도움이 되지만 가장 유리한 과목은 심리학이다. 프로파일러는 채용할 때 심리 학사를 취득한 사람에게 가산점을 주기 때문에 범죄심리 대학원에 진학하는 것이 유리하다.

정리하면, 프로파일러가 되기 위해서는 심리학이나 사회학을 전공하는 것이 유리하다. 특히 석사 이상 학위를 가진 사람을 우선으로 뽑는다는 것을 기억하기 바란다.

프로파일러는 경찰이다!

프로파일러는 경찰공무원 신분으로, 경찰청 과학수사센터나 경찰서의 과학수사계 혹은 국립과학수사연구원으로 일한다.

프로파일러가 되려면 먼저 경찰이 되어야 한다. 그다음 경찰청에서 비정기적으로 뽑는 프로파일러 선발에 응시하여 합격하면 경찰공무원이 되고, 2년 이상 과학수사 경력을 쌓으면 된다. 그다음 범죄분석 전문교육을 받으면 드디어 프로파일러 자격이 주어진다. 그러나 한 가지가 더 남았다. 경찰학교에서 6개월간 교육을 받아야 한다. 그다음 비로소 지방청과학수사계에 배치되면서 프로파일링 업무를 시작한다.

2006년부터 해마다 12명 정도 특별채용으로 프로파일러를 선발해왔다. 이때 선발되어 경찰학교에서 6개월간 교육을 받으면 프로파일러로 일할 수 있다. 특별채용으로 선발된 사람 중에는 심리학이나 사회학을 전공한 사람들이 많다. 앞에서도 말했지만 석사 이상 학위를 가진 사람을 우선으로 뽑기 때문이다. 또 다른 방법은 학점은행제로 프로파일러 관련 학점을 따면 된다.

국립과학수사연구소는 박사 학위를 가진 사람을 뽑으며, 경찰청은 사회학이나 임상심리학 석사 이상이어야 채용 대상이 된다.

경찰관으로 들어가 과학수사요원을 거쳐 프로파일러가 되는 길은 경찰관 채용시험에 합격하는 것이다. 그다음 과학수사요원이 되고 경찰학교에서 6개월 동안 교육을 받고 나면 경찰서로 배치된다. 이때 '수사경과제'를 신청해야 한다. 이런 절차는 수사 인력을 보다 전문화하고 역량을 키우기 위해 도입한 제도이다. 강력범죄수사팀, 지능범죄수사팀, 과학수사팀, 수사지원팀, 유치관리팀 중에서 '과학수사팀'을 신청하면 된다. 승인이 된 뒤에 과학수사요원으로 활동하면서 경력을 쌓으면 '심리분석'을 하는 프로파일러가될 수 있다.

프로파일러로 채용된 뒤에는 강도 높은 업무를 수행하기 위해 운영되는 교육과 훈련 프로그램에 참여해야 한다. 먼저 중앙경찰학교에서 8개월의 신임 교육 과정을 거치는데 경찰관이 되기 위한 기본적인 소양 교육을 받는다. 그런 다음 지방청 과학수사계에 배치된다.

프로파일러는 일 년에 2~3회 개최되는 정기 워크숍이나 학술 세미나에 참여해야 한다. 경찰수사연수원의 프로파일러 전문교육을 통해 범죄분석전문수사관 자격을 얻을 수 있다. 그 밖에 팀별 또는 개인별로 국내외 훈련 프로그램에도 참여한다.

프로파일러
체험 활동

미리 체험하는 프로파일러

학생들을 위한 진로직업체험이 서울시를 비롯하여 지방 여러 곳에서 다양한 방법으로 이루어지고 있다. 진로체험은 학생들에게 왜 필요하고 왜 중요한 걸까? 현재 현장에서 일하고 있는 직업인들을 통해 꿈을 이루는 과정을 듣고, 미래 자신이 할 일을 미리 체험해볼 수 있기 때문이다.

현장에서 일하는 사람들에게 일을 하면서 겪었던 어려움이나 보람된 일을 경험담으로 듣고 나면 막연하게 꿈꾸었던 직업이 구체적으로 다가온다. 그러고 나면 자신이 가야 할 길이 맞는지 고민하게 되고 무엇이든 결정하고 다짐하는 계기가 된다. 또한 다른 친구들은 직업에 대해 어떻게 생각하고 무슨 목표를 갖고 있는지 알 수 있다. 자신과 같은 꿈을 꾸는 친구들과 여러 정보를 공유하고 고민을 나누면서 꿈을 향해 더 가까이 나아가는 동기부여가 된다. 뿐만 아니라 직업에 대한 관심이 더 많아지고, 멘토를 만나 응원을 받으면 자존감도 올라간다.

진로직업체험은 여러 가지 다양한 진로를 탐색하고 직업의 매력을 느낄 수 있는 좋은 경험이자, 꿈을 향해 구체적으로 생각해볼 수 있는 중요한 기회이다.

프로파일러를 만나는 직업체험 현장

추리소설 〈셜록 홈즈〉나 애니메이션 〈명탐정 코난〉을 보면 범죄 현장을 살펴보는 탐정들의 날카로운 눈빛과 단서 하나까지 놓치지 않는 섬세함을 엿볼 수 있다. 범죄 현장을 오가며 또 보이지 않는 곳에서도 범인을 찾기 위해 활약하는 직업이 바로 '프로파일러'다.

그런 그들을 만날 수 있는 기회는 그리 많지 않다. 진로직업체험 프로그램을 통해 그들을 만나보고, 그들이 하는 일도 직접 체험해보자.

진로직업체험 프로그램

한 중학교에서 진로직업체험으로 '프로파일러와 과학수사요원(CSI)'에 대한 이론 수업을 진행했다. 학생들이 직업을 직접 선택하고 수업에 참여한 만큼 관심과 집중도가 뜨거웠다. 진지하게 참여하는 학생들의 모습은 이미 프로파일러나 과학수사요원이 된 것 같았다.

이론 수업이 끝나고 범죄 현장 실습에서 학생들이 가장 기대한 것은 '범인은 과연 누구일까?'였다. 과학수사를 이용한 범인 찾기로 진행된 실습 수업은 흥미로웠다. 쉬는 시간이 되어도 범죄 현장을 떠나지 않는 학생들이 대부분이었다. 매의 눈으로 범죄 현장 조사에 참여하는 학생들은 마치 프로파일러가 된 듯 진지했고 과학수사요원이 된 것처럼 수사에 집중했다. 현장에서 드러난 단서를 가지고 과학실험까지 하여 범인 검거에 성공했지만 그것이 끝은 아니었다. 학생들은 수사 보고서를 쓰는 마지막 단계까지 매우 진지한 모습으로 참여했다.

최근 진로체험 프로그램에 많은 직업인 강사들이 참여하여 학생들과 함께 시간을 보내고 있다. 이 책을 읽는 여러분도 학교에서 진행하는 진로체험 프로그램을 적극 참여해보자. 너무 인기 많은 직업에만 신청하지 말고 관심 있는 직업을 다양하게 접해보는 것이 좋다.

온라인 진로직업체험 프로그램
서울의 한 지역에서는 청소년 200명을 대상으로 직업체험 프로그램을 비대면으로 진행했다. 미래 전문가들은 제 4차 산업혁명 시대를 맞아 새로운 직업이 더 많이 생길 것이고, 어린이와 청소년들이 장차 그 직업으로 생계를 이어갈 것이라고 예측했다. 서울 강서구는 제4차 산업혁명으로 빠르게 변화하는 시대에 대비하여 청소년들의 적성을 발견하고 진로를 안내하기 위해 '드림메이커 직업체험'을 운영했다.

온라인으로 진행하는 진로직업체험 프로그램에서는 총 열네 가지 직업군을 선보였다. 그중에 프로파일러도 있었다. 그 지역에 살고 있는 초등 4학년부터 중학생들이 주민센터를 방문하여 신청했고, 학생들이 듣고 싶은 강의를 선택하는 방식으로 운영됐다. 수업은 현재 직업에 종사하는 사람이 진행하여 현장감을 생생하게 느낄 수 있었다. 학생들은 수업이 끝난 뒤 1:1 맞춤형 답변을 통해 궁금증을 해소했다.

학교 동아리

한 고등학교의 교육심리&범죄심리 동아리에서는 지방경찰청 소속 프로파일러에게 특별 강의를 듣는 시간을 마련했다. 강의 내용은 '프로파일러가 되는 법'이었다.

그 프로파일러는 대학에서 심리 관련 전공을 한 뒤 특별

채용으로 프로파일러가 된 사람이었다. 프로파일러인 강사가 심리학, 물리학, 화학을 전공했어도 특별채용을 통해 경찰 공무원이 될 수 있다고 하자, 학생들의 관심이 더 집중되는 분위기였다. 그는 그 지역에서 일어난 강력범죄 사례도 몇 가지 들려주었다. 그중에 살인사건을 해결하는 과정에서 범인을 프로파일링한 경험을 이야기해주기도 했다.

범인 몽타주 그리기 활동, 범인의 지문을 채취해보는 과학수사 체험 활동이 진행되는 동안에도 학생들의 호기심은 계속되었다. 모든 학교에 이런 동아리가 있는 것은 아니지만, 여러분 학교에 프로파일러 관련 동아리가 있다면 한번 도전해보기 바란다.

청소년 진로박람회

청소년 진로박람회는 어떨까? 박람회 현장은 대기자 줄이 길고 예약까지 꽉 차서 돌아가는 친구들이 있을 정도로 열기가 대단하다. 박람회 프로그램 중에 추리 문제를 풀고 거짓말탐지기를 체험하는 등 프로파일러 직업 체험이 인기다. 추리 문제가 쉽게 풀리지 않자 학생들의 열기가 수능시험장처럼 뜨거웠다는 후문이다. 거짓말탐지기 체험에서는 탐지기의 찌릿한 진동을 느껴보기도 했다. 여러분도 기회가 될 때 이런 박람회 체험을 가보기를 추천한다.

온라인 진로박람회

4차 산업혁명으로 급격하게 변화하는 미래 직업 변화에 대비하기 위한 진로교육으로, 2020년 서울진로직업박람회가 온라인 방식으로 한 달간 열렸다.

박람회 전시관은 3D 캐릭터를 이용하여 가상공간을 만들고 온라인 진로체험활동에 더욱 몰입할 수 있도록 했다. 특성화고등학교와 진로직업체험지원센터, 일반 기업들이 참가하여 학생들에게 여러 프로그램을 선보였다. 동영상으로 직업 정보를 제공하고 직접 질문하고 답변을 들으면서 궁금증을 해결할 수 있도록 했다.

디지털112 부분에서는 유명 프로파일러를 초청하여 학생이 키워야 할 미래의 진로 가치에 대한 강연이 열렸다.

방문 체험 프로그램

중, 고등학생들이 서울에 있는 E&T직업체험센터를 탐방하여 프로파일러를 만났다. 인터뷰를 통하여 프로파일러는 어떤 일을 하는지, 어떻게 채용되는지, 뽑는 과정과 기준을 알아보는 시간이었다. 또 프로파일러라는 직업의 어려운 점과 궁금한 것을 묻고 답하는 시간이었다.

프로파일러로 활동하는 직업인들이 멘토가 되어 청소년들에게 현장 이야기를 들려주는 프로그램도 있으니, 프로

파일러를 직접 만나볼 수 있는 기회를 꼭 만들어보자. 색다
른 동기부여가 될 수 있다.

프로파일러
교육 과정

프로파일러가 되고 싶다면, 자신의 적성과 맞는지 진로상담센터에서 U&I 심리검사를 받아보는 것은 어떨까? U&I 심리검사는 우리나라 정서와 실정에 맞게 개발되었다. 청소년들이 진로를 탐색하는 과정에서 진로 태도가 어떤지, 학생의 흥미와 재능은 어느 정도인지 파악하여 가장 알맞은 학과를 추천하고 직업 정보를 제공해주는 기준이 된다.

프로파일러가 되는 두 가지 방법

프로파일러는 꿈을 자주 바꾸거나 포기를 빨리 하는 사람에게는 어울리지 않는다. 이 직업은 끈기가 필요한 업무가 많기 때문이다. 100% 노력을 쏟아붓고 기다리기를 수

없이 반복하는 일이 많다. 그러므로 적어도 프로파일러의 멋진 모습만 상상하며 이 직업을 선택하지 말자.

프로파일러가 되는 방법에는 크게 두 가지로 나눌 수 있다.

첫째, 경찰관이 되는 방법이다.

우선 경찰대학을 졸업하면 경찰 간부가 될 수 있다. 일반 대학에도 경찰학과, 경찰행정학과, 경찰경호학과가 경찰 관련 학과가 있다. 경찰 관련 학과를 공부하지 않고 경찰공무원 채용시험에 합격해도 경찰관이 될 수 있다. 이후, 과학수사요원이 되고, 범죄분석 전문교육을 이수하면 공개채용을 통해 프로파일러의 자격을 얻을 수 있다.

둘째, 일반 대학 학부에서 심리학이나 사회학을 전공하는 방법이다.

석사 이상 학위를 취득한 다음 특별채용에 지원하고 합격을 해야 한다. 그 후 경찰학교에서 6개월간 교육을 받고 나면 지방경찰청 과학수사계에 배치된다. 이때 앞에서 말한 대로 '수사경과제'를 신청해야 한다. 강력범죄수사팀, 지능범죄수사팀, 과학수사팀, 수사지원팀, 유치관리팀 중 과학수사팀을 신청해서 승인이 나면 과학수사요원으로 활동할 수 있다. 여기서 경력을 쌓으면 프로파일러가 될 수 있다.

프로파일러가 되기 위한 전공

대학교	전공
관동대학교	경찰행정학부 프로파일러 양성 과정
선문대학교	상담산업심리학
경찰대학교	범죄심리학
경기대학교대학원	범죄심리학
동국대학교경찰사법대학원	범죄심리학
숙명여자대학교대학원	범죄심리학
한림대학교대학원	법심리학
중앙대학원 특수대학원	심리서비스

프로파일러
자격증

　프로파일러가 되려면 4년제 대학에서 심리학이나 사회학을 전공하여 학사 학위를 받고 관련된 일을 3년 이상 한 경력이 있어야 한다. 또는 대학원에서 심리학이나 사회학을 전공하고 석사 학위나 박사 학위 자격을 갖추면 프로파일러 지원이 가능하다.

　또 다른 방법으로는 앞에서 말한 대로 경찰 공무원이 되면 가능하다. 강력형사 경력을 쌓고 경찰수사연수원의 범죄분석전문과정을 이수하고 나면 프로파일러로 활동할 수 있다.

　또 다른 특별채용 방법으로 학점은행제가 있다. 다른 학과를 전공했거나 고등학교 졸업 학력을 가진 경우에 필요한 학점을 이수하면 된다. 학점은행제는 전공과목 60학점

이상과 교양과목 30점 이상을 전공하여 총 140학점을 이수하면 된다. 그러면 심리학 학사 학위 취득이 가능하게 되어 대학원에 진학할 수 있으며, 이때 범죄심리학을 전공하면 된다.

4년제 대학을 졸업했는데 프로파일러가 되기 위한 학과목을 전공하지 않았다면 어떻게 해야 할까? 심리학 전공과목을 48학점 이수하면 심리학 학사 학위를 취득할 수 있다. 이렇게 취득한 학위증은 일반 4년제 대학과 동등한 학력으로 인정된다. 심리학 학사 학위를 취득하면 범죄심리학 대학원에 진학할 수 있는 자격이 주어진다.

학점은행제를 통해서 심리학 학사 학위를 취득하고 범죄심리학 대학원에 진학하게 된 사례도 많이 있다. 학점은행제에 대해 더 자세히 알아보자.

학점 관리와 자격증 취득 방법

프로파일러라는 직업에 관심이 있는데 경찰대학에 진학할 성적이 되지 않아 다른 학과를 지원하여 4년제 대학을 졸업했다고 해보자. 취업 준비를 하면서도 프로파일러에 대한 관심이 계속된다면 어떻게 해야 프로파일러가 될 수 있을까? 그때부터 경찰공무원 시험 준비를 하려면 만만치 않은 경쟁률 때문에 매우 어렵다. 그렇다고 4년제 대학을 다시 들어가는 것은 더 어려운 상황이다. 이럴 때 학점은행제를 통해서 프로파일러가 되는 방법을 선택하면 된다.

학점은행제 심리학 수업은 온라인으로 진행된다. 과제를 할 때 까다로운 부분도 있지만 참고자료를 찾아 공부하면 된다. 이때 자격증을 취득하는 방향으로 공부하면 효과적이다. 심리학 공부를 하면서 자격증을 따는 이유는 온라인 수업이 1년에 42학점만 취득할 수 있는 제한이 있기 때문이다. 그러므로 자격증을 병행하여 취득하는 것이 좋다.

CS리더스(CSLeaders) 관리사 자격증을 준비하는 것이 보통인데, 기출문제와 참고자료를 중심으로 공부하면 좋은 성적을 받을 수 있다. 자격증 시험은 오픈 북처럼 교안 파일을 보면서 치르므로 크게 어려운 점 없이 노력한 만큼 결과를 얻을 수 있다.

CS는 '고객만족'이란 뜻이다. 고객의 유형을 파악하여 원활한 의사소통 능력을 기르고 서비스 교육 관리자가 될 수 있는 교육 과정이다. 전문적인 지식과 교육 능력을 배우는 이론과 실습을 중심으로 하는 훈련 과정으로, 국가공인 자격증이다.

시험은 2개월마다 진행되어 1년에 6회가 주어진다. 시험 응시료가 있고 접수는 '한국정보평가협회'에서 하면 된다. 90문항을 90분 안에 풀어야 하며, 시험 유형은 5지선다형

객관식이다. 100점 만점에 60점 이상이면 합격이다. 이 자격증은 학점이수 6학점이 주어진다. 서비스 전략, 인간관계, 인간 심리, 비즈니스 매너 같은 다양한 분야를 공부할 수 있는 게 장점이다.

프로파일러 자격 규정

프로파일러의 자격증 명칭은 '범죄심리전문가', '범죄심리사 1급', '범죄심리사 2급'이다. 이 자격증을 가진 사람 중에 범죄심리사 2급은 교정 공무원으로 재직 중이다. 범죄심리사 1급과 범죄심리전문가가 취업할 수 있는 분야는 경찰청이나 수사기관, 소년분류심사원, 교도소, 보호관찰소, 비행청소년 상담직 등이다.

범죄심리전문가와 범죄심리사는 한국심리학회 혹은 관련 학회의 회원이다. 한국심리학회가 인정하는 법과 범죄 심리 관련 교육 과정을 이수하고 소정의 자격시험에 합격하여, 현장실습과 수련을 거친 후에 전문가 자격관리위원회에서 그 자격을 인정한 사람이다.

범죄심리전문가와 범죄심리사는 그 전문성에 따라서 범죄심리전문가, 1급 범죄심리사, 2급 범죄심리사가 있다.

프로파일러 자격과 역할

범죄심리전문가는 범죄인을 평가할 수 있는 전문지식을 충분히 갖추고, 범죄 예방과 범죄자 교정에 관련된 현장에서 프로그램을 개발하거나 감독한다.

1급 범죄심리사, 2급 범죄심리사를 훈련하고 양성하며, 범죄 수사와 조사 과정에서 범죄심리학 분석을 수행한다.

범죄심리전문가의 자격 조건

첫째, 1급 범죄심리사 자격을 취득하고 다음 조건을 모두 갖추면 된다.

- 범죄 관련 영역에서 3년 이상 전일 근무경력 또는 5년(연 400시간 이상) 이상 시간제 근무경력
- 한국심리학회가 인정하는 별도의 고급 교육과정을 이수하고 자격시험에 합격
- 자격관리위원회가 인정하는 1500시간 이상 수련하고 자격심사에 통과

둘째, 범죄심리 관련 분야의 석사 학위를 취득하고 다음 조건을 모두 갖추면 된다.

- 자격관리위원회가 인정하는 별도의 고급 교육과정을 이수하고 자격시험에 합격

- 범죄 관련 영역에서 2년 이상 전일 근무 경력 또는 5년(연 400 시간 이상) 이상 시간제 근무경력
- 자격관리위원회가 인정하는 1500시간 이상 수련하고 자격심사 에 통과

셋째, 범죄 관련 심리학 분야의 박사학위를 취득하고 다음 조건을 모두 갖추면 된다.
- 자격관리위원회가 인정하는 별도의 고급 교육과정을 이수하고 자격시험에 합격
- 범죄 관련 영역에서 1년 이상 전일 근무 경력 또는 2년(연 400 시간 이상) 이상 시간제 근무경력
- 자격관리위원회가 인정하는 1000시간 이상 수련하고 자격심사 에 통과

넷째, 한국심리학회에서 인정한 임상심리전문가, 상담심리전문가, 발달심리전문가 자격증을 소지하고 다음 조건을 모두 갖추면 된다.
- 자격관리위원회가 인정하는 별도의 고급 교육과정을 이수하고 자격시험에 합격
- 범죄 관련 영역에서 1년 이상의 전일 근무경력 또는 2년(연 400시간 이상)의 시간제 근무경력

- 자격관리위원회의 자격심사에 통과

1급 범죄심리사의 자격 조건

첫째, 심리학 전공이나 부전공으로 심리학 관련 과목을 이수한 학사 학위를 소지하고 다음 조건을 모두 갖추면 된다.

- 한국심리학회가 인정하는 별도의 중급 교육과정을 이수하고 자격시험에 합격
- 범죄 관련 영역에서 800시간 이상 현장실습
- 자격관리위원회가 인정하는 300시간 이상 수련하고 자격심사에 통과

둘째, 범죄심리 관련 분야 석사 학위를 소지하고 다음 모든 조건을 갖추면 된다.

- 한국심리학회가 인정하는 별도의 중급 교육과정을 이수하고 자격시험에 합격
- 범죄 관련 영역에서 400시간 이상 현장실습
- 자격관리위원회가 인정하는 전문가나 전문기관의 감독 아래 200시간 이상 수련하고 자격심사에 통과

셋째, 2급 범죄심리사 자격을 취득하고 다음 조건을 모

두 갖추면 된다.

- 범죄 관련 영역에서 2년 이상 전일근무 또는 4년(연 400시간 이상) 이상 시간제 근무 경력
- 자격관리위원회가 인정하는 별도의 중급 교육과정을 이수하고 자격시험에 합격
- 자격관리위원회가 인정하는 300시간 이상 수련하고 자격심사에 통과

2급 범죄심리사의 자격 조건

범죄심리학과 관련된 지식을 갖추고 학사 학위를 가진 사람으로 다음 조건을 모두 갖추면 된다.

- 범죄 관련 영역에 2년 이상 전일 근무
- 자격관리위원회가 인정하는 별도의 초급 교육과정을 이수하고 자격시험에 합격
- 자격관리위원회가 인정하는 100시간 이상 수련하고 자격심사에 통과

프로파일러 자격시험 및 자격심사

자격시험에 응시하려면 각 자격 급별에서 요구하는 교육 과정을 이수해야 한다. 자격시험의 합격은 과목별 60점 이상, 전체 평균 60점 이상이어야 한다. 60점 미만의

과목이 있을 경우 합격한 과목은 다음 시험(2년 이내)에 2회에 한하여 면제받을 수 있다. 최종 합격 판정을 받으면 합격증을 받을 수 있다.

자격시험에 합격하고 필요한 수련 과정을 모두 이수한 사람은 다음 서류를 자격관리위원회의 자격심의분과에 제출하고 자격심사를 받아야 한다.

- 이력서 2부
- 자격심사 청구 시점에서의 경력증명서 또는 재직증명서 각 1부
- 자격시험 합격증 1부
- 수련 수첩
- 수련 수첩의 기록이나 검인되지 않은 다른 수련 관련 증명서 각 1부
- 한국심리학회나 학회 회원임을 증명하는 서류 1부

프로파일러의 현장실습

현장실습 기관은 교정기관, 범죄수사기관, 범죄예방기관 등 범죄 관련 현장 근무를 할 수 있는 기관이어야 하고, 자격관리위원회에서 인정하는 기관에서 실습해야 한다.

현장실습은 실습기관의 업무를 보조하고 범죄 관련 현장에서 실제 근무하며 경험을 얻는다. 또 해당 기관의 책임자가 실습계획서를 확인하고 서명한 근거서류를 자격관리위

원회 심사에서 인정받아야 한다.

가상 인터뷰! 프로파일러에게 묻다

Q. 영화에서 프로파일러는 늘 영웅처럼 보이는데, 프로파일러는 혼자 일하나요?

A. 프로파일러는 절대 혼자서 일하지 않습니다. 범죄가 일어났을 때 형사와 과학수사요원들과 함께 서로 소통하면서 일합니다. 경찰 업무는 관련된 모든 사람들과 서로 긴밀하게 연결되어 있습니다. 시민들의 제보 또한 사건 해결에 큰 도움이 되므로 시민들도 함께 일하는 셈이죠. 연쇄살인 사건 같은 큰 사건에서 프로파일러 역할이 주목되다 보니 혼자 해결하는 것처럼 보이지만 프로파일러 혼자 해결하는 사건은 없습니다.

Q. 상담심리사나 임상심리사 자격증을 취득한 뒤, 범죄심리사 자격증을 추가로 취득하는 이유는 뭘까요?

A. 범죄심리사 자격을 취득하려면 심리학을 필수로 이수해야 하는데, 공부하는 과목이 상담심리사와 임상심리사 자격증을 취득하는 과목과 공통되는 것이 많기 때문입니다. 자격증을 더 원한다면 기왕 공부해놨으니 도전해보는 것이죠. 만약 범죄심리사 1급 자격증을 취득했다면 대학원 석사 학위를 가졌고 심리검사나 심리 상담에 전문성을 갖춘 수준입니다. 심리 상담이나 심리평가 같은 심리학 관련 전문 분야에서 활동하는 분들이 추가로 범죄심리사 자격을 취득하여 범죄심리사로 활동하는 것입니다.

Q. 프로파일러의 수사는 일반 수사와 어떤 차이가 있을까요?

A. 프로파일러의 수사와 일반 수사는 일의 범위가 다릅니다. 프로파일러는 일반 수사로 사건이 해결되지 않을 때 투입되어, 형사가 수집한 정보와 현장의 모든 증거를 모아서 과학적으로 분석한 믿을 수 있는 정보만 뽑아냅니다. 이렇게 프로파일링 시스템을 활용하여 얻어낸 결과를 형사에게 줍니다. 형사가 프로파일링 결과를 바탕으로 수사를 진행하여 사건을 해결하는 것이죠.

Q. 범죄자와 면담할 때 가장 중요한 것은 무엇인가요?

A. 프로파일러는 범죄자를 설득하는 것이 아니라, 범죄자가 말을 하도록 만드는 것입니다. 범죄자가 말을 하도록 하려면 프로파일러 자신만의 독특하고 효과적인 방법이 있어야 해요. 면담을 하면서 상대방이 활동적인지 아닌지, 감정을 잘 드러내는지 아닌지, 신경 계통에 문제가 있는지 없는지, 사람들과 교류할 마음이 있는지 없는지를 파악합니다. 이를 통해 범인이 '프로파일러가 내 말을 들으려고 한다.' 혹은 '이 사람은 나를 이해하려고 노력한다.'라는 마음이 들면 사건을 해결하고 범인을 찾아가는 데에 도움이 됩니다.

면담기법 프로파일링은 범죄자에게 '내가 어떤 변명을 해도 들어주겠구나!'하는 마음이 들게 하는 것이 가장 중요한 핵심입니다.

Q. 사이코패스 범죄가 계속 늘고 있다는데 맞는 말인가요?

A. 사이코패스는 어느 시대든지 인구의 1% 정도 있다고 합니다. 타고난 선천성과 후천적인 생활환경이 결합하여 사이코패스 성향이 나타납니다. 선천적인 요인이 더 강하다고 주장하는 학자들은 DNA 특징을 발견해서 대책을 마련해야 한다고 주장합니다. 하지만 이렇게 단정할 수는 없

습니다. 어린 시절에 누군가의 관심을 받지 못하고 방치되어 살다가 사이코패스 범죄자가 된 경우도 있거든요. 흉악 범죄가 늘어난 것은 사실이지만, 이 사실을 토대로 사이코패스가 늘었다고 할 수는 없습니다.

Q. 과학수사는 왜 필요한가요?

A. 살인사건에 범행 증거는 없고 심증만 있는 경우가 있어요. 그럴 때 과학수사를 하면 사건의 실체가 명확하게 드러나기 시작합니다.

과학수사의 범위와 깊이는 한도 끝도 없습니다. 단순한 음주 폭행사건도 양쪽 증언이 서로 엇갈리면 쉽게 해결되지 않습니다. 이럴 때 법최면 수사를 하면 사건 당시의 상황을 전혀 기억하지 못하다가도 생생하게 기억해냅니다. 과학수사는 늘 호기심을 불러일으키는 분야라서 평생 해도 늘 새로운 것 같아요.

그렇다고 과학수사만 중요한 건 절대 아니에요. 발로 뛰는 현장 수사와 과학 기법을 동원하는 프로파일링은 전혀 다른 영역처럼 보이지만, 서로 떼려야 뗄 수 없는 상호보완적 관계입니다. 수사를 할 때는 이 두 가지 모두 중요합니다.

Q. 연쇄살인범들만의 특징이 있나요?

A. 공감능력이 부족한 점이 특징입니다. 다른 사람이 느끼는 기쁨이나 슬픔 같은 감정을 전혀 공감하지 못한다는 것이죠. 본인이 한 행동에 대해서 다른 사람이 얼마나 아프고 고통스러운지 전혀 생각하지 못합니다. 어떤 한쪽으로 생각이 쏠려 있고 자기밖에 모르는 자기중심적인 사고를 가지고 있어요. 또한 자신을 지나칠 정도로 높이 평가하거나 낮게 평가하는 특징을 보입니다.

Q. 프로파일러로서 어떤 보람을 느끼나요?

A. 프로파일러들은 자신이 한 일이 범인을 잡는 데 도움이 되었을 때 큰 보람을 느낍니다. 사건에 대한 추리가 맞아 떨어졌을 때도 기쁩답니다. 또한 함께 일한 형사들이 고마움을 전할 때 진짜 감동하죠. 프로파일러가 찾은 범인의 지문이나 족적, DNA 같은 증거물로 범인이 밝혀져, 피해자나 유가족의 억울함을 풀어줄 때도 보람을 느낀답니다.

Q. 프로파일러가 되고 싶은데 제가 지금 할 수 있는 것이 있을까요?

A. 프로파일러가 되고 싶다면 과학수사에 관심을 가져보면 어떨까요? 여러분이 살아갈 미래에는 과학수사가 더 중

요해질 것입니다. 과학수사가 활용되는 분야는 우리가 생각하는 것보다 훨씬 더 다양합니다. 사회 변화에 관심을 가지면서, 심리학이나 사회학 관련 책이나 영상을 보면 도움이 될 것입니다.

Q. 프로파일러가 되고 싶은 청소년은 어떤 자세가 필요한가요?

A. 기회는 준비된 사람만 잡을 수 있습니다. 최선을 다해서 준비하고 꾸준히 노력하는 자세가 필요하죠. 별똥별이 떨어질 때 소원을 빌면 이루어진다는 말이 있지요? 자신의 소원을 늘 마음속에 지니고 있어야 별똥별이 떨어지는 그 짧은 순간을 잡을 수 있습니다. 또한 폭넓게 생각하고 다양한 경험을 하면서 내 앞에 닥친 일이라면 어떤 것이든 해결하고 정리하는 습관을 가져보세요.

3장
프로파일러로
살아간다는 것

프로파일러의
필요성

1990년대 중반 우리나라에서 '막가파'와 '지존파' 사건이 일어났다. 그들의 범죄 동기는 뚜렷하게 없었다. 사회에 대한 원망과 분풀이로 불특정인을 살인한 것이다. 원한관계나 채무관계가 아닌 새롭게 생긴 범죄 유형이었다. 경찰은 '범인이 왜 이런 범행을 저질렀을까?'라고 고민했고 범죄 심리를 바탕으로 수사 방향을 설정했다.

2000년, 서울지방경찰청 형사과 과학수사계에 범죄행동 분석팀이 처음 만들어졌다. 처음에는 프로파일러 혼자서 범죄행동분석을 했는데, 서서히 변화를 꾀했고 현재는 혼자가 아닌 관련 구성원이 협동작업으로 프로파일링을 하고 있다.

특별한 범행 동기가 없고 증거를 남기지 않는 지능범죄

가 증가하면서 범죄심리분석을 담당하는 프로파일러의 필요성도 크게 늘었다. 미제로 남은 연쇄살인 같은 범죄를 프로파일러가 하나둘 해결하면서 이 직업에 대한 대중의 기대도 한층 높아졌다.

경찰청에서는 연쇄살인사건과 강력범죄가 두 곳 이상 발생하면 프로파일러를 현장에 바로 투입하고 수사에 참여하는 방침을 세웠다. 프로파일러를 일반채용과 특별채용으로 폭넓게 채용하는 것도 전문적인 프로파일러를 양성하기 위해서이다.

범죄수사에 프로파일러의 활약이 중요하게 된 것은 과거 원한관계 범죄에서 지능범죄와 반사회적 인격 장애로 구분하는 사이코패스, 소시오패스 범죄가 늘어났기 때문이다. 소시오패스의 경우, 자신의 성공을 위해서 수단과 방법을 가리지 않고 범죄를 저지를 때 양심에 가책을 전혀 느끼지 않는 것이 특이점이다. 소시오패스는 전 인구의 4%, 즉 스물다섯 명 중에 한 명 정도이므로 우리 주변에 생각보다 많이 존재한다고 생각하면 된다.

소시오패스의 특징

어떤 학자들은 소시오패스가 환경에 의해 만들어진 유형이라고 주장한다. 유년기에 심한 학대를 받거나 관심과

보호를 받지 못하여 우울하고 분노가 쌓이면서 불안한 감정이 생겼다는 것이다. 자신의 이런 부정적인 감정과 약점을 숨기려고 비도덕적인 행동을 하면서 소시오패스 성향이 드러난다고 알려져 있다. 현대 사회는 성공을 삶의 목표로 삼고, 재산이나 직업 등으로 사람을 차별하는 경향이 크다. 사람들은 자연히 최고가 되어야 한다는 부담감과 불안에 시달리게 되고, 그런 사회적 배경으로 소시오패스 성향을 가진 이가 범죄를 일으킬 확률이 더 높아지고 있다.

소시오패스는 자신의 성공을 위해서라면 다른 사람을 이용하고 거짓말을 밥 먹듯이 하면서도 양심의 가책을 전혀 느끼지 않는다. 실제 자신을 잘 감추고 감정 조절이 뛰어나며 매우 계산적이다. 겉보기에는 사교적이고 매력적으로 보일 수 있지만 인생을 게임이나 도박으로 여기고, 다른 사람을 수단으로만 생각한다.

그들 중에는 어릴 때 동물을 학대하거나 불을 내는 등 잔인하고 공격적인 행동을 하면서 재미를 느꼈던 사람들도 있다. 쉽게 지루함을 느끼고 자극 욕구가 강해서 새로운 일에 스스럼없이 도전하고, 그러다 보면 위험한 과제 앞에서도 흥미를 느낀다. 자신의 잘못을 들켰을 경우에는 재빠르게 후회하는데 이는 거짓일 확률이 높다. 그들은 동정심을 일으키기 위해 깊이 반성하는 것처럼 행동하기도 한다. 이

번 일을 통해서 많은 것을 배웠다거나 다시는 그런 행동을 하지 않겠다고 말한다. 또는 자신도 피해자라고 호소하면서 자신의 순진함을 강조하는 경향이 있다.

프로파일러의 목표

프로파일러는 범인을 빨리 잡기 위해서만 존재하는 것이 아니다. 사건의 진실을 밝히고 억울한 사람이 없도록 하는 것이 더 큰 목표이다. 프로파일러가 명심해야 할 것은 범죄사건으로 죽은 사람도 억울하지 않아야 하며, 용의자도 마찬가지라고 생각해야 한다는 점이다.

범죄자는 대부분 잡히지만 해결되지 못한 사건도 많이 있다. 과학수사요원은 범죄가 일어난 사건 현장에서 범죄자의 지문이나 DNA를 찾아내고 증거를 확보한다. 프로파일러는 '범죄를 왜 저질렀는가?'라는 질문을 던지면서 사건과 범죄심리를 탐구해간다. 프로파일러의 심리 분석은 범행 목적이 뚜렷하지 않은 범죄사건을 해결할 때 그 능력이 더욱 크게 빛난다. 프로파일러가 범인을 찾아내는 과정은 과학적이면서 심리적인 요인을 이용하는 일이다. 인간심리는 복잡하고 오묘하여 파고들면 들수록 빠져들게 하는 면이 있다.

서울에서 발생한 PC방 살인사건의 용의자 신상이 공개

되었을 때 인권 단체와 네티즌의 비난이 매우 거셌다. 이런 때에도 프로파일러는 개인적인 감정은 잠시 접어두고 국민의 안전을 위해 범인의 마음속으로 들어가야 한다는 어려움이 있는 것이다.

기지를 발휘하는 프로파일러

화성연쇄살인사건은 오랜 세월 동안 범인이 검거되지 않아 많은 사람들을 두려움에 떨게 만들었다. 하지만 우리나라 최초 여성 프로파일러가 수사하면서 범인의 자백을 받아냈고 연쇄살인사건의 막이 내려졌다.

당시 피의자는 남성 프로파일러의 질문에 제대로 대답하지 않았고 화성연쇄살인사건과 자신은 관련이 없다고 강력하게 부인했다. 그러나 여성 프로파일러와 면담을 하면서 태도가 달라졌다. 그는 그녀에게 손이 예쁘다며 한 번 잡아봐도 되겠냐고 물었다.

여러분이 그 여성 프로파일러였다면 어떤 대답을 했을까?

"조사가 마무리되면 악수나 합시다."

여성 프로파일러는 피의자의 말에 담담하게 대답했다. 이 대답은 정말 훌륭했다. 프로파일러의 기질을 발휘하면서도 피의자의 요구를 정중하게 거절했다. 그러면서도 피의자에게 믿음이나 희망을 주어 결국 자백하도록 만들었다. 비록 공소시효가 훨씬 지나 범인이 밝혀졌지만, 살인 누명을 썼던 무고한 시민은 해방되었다. 연쇄살인사건에 공포를 느낀 수많은 시민들도 범인이 잡혀 사건이 해결되는 것을 보며 안심하게 되었다.

과거를 알아내는 프로파일러

프로파일러는 범인의 과거에 무슨 일이 있었는지 알아내야 한다. 그러면 앞으로 무엇을 준비해야 하는지 알 수 있기 때문이다. 화성연쇄살인사건의 시그너처는 스타킹 매듭이었다. 여기서 말하는 '시그너처'란 범인이 남긴 독특한 수법이나 흔적을 의미한다. 그러나 여덟 번째 살인사건에서는 아무런 흔적도 발견할 수 없었다. 그렇다고 용의자가 범인이 아니라는 증거도 없었다. 시그너처가 나타나지 않았더라도 다음 범행에서 더 많이 나타날 수 있기 때문이다.

실제로 아홉 번째 사건과 열 번째 사건에서 더 많은 매듭이 나타났다. 범인이 범죄 행동을 계속하다 보면 범행 방식이 바뀌는 경우는 있어도 시그너처는 바뀌지 않는 것이 보통이다. 그것은 욕구가 터져 나오면서 만들어지는 범인만의 습관이기 때문이다. 그 습관은 범죄와 관계없이 계속 반복하여 나타난다. 이처럼 프로파일러가 용의자의 과거를 알아내는 것은 중요한 일이다.

분석하는 프로파일러

프로파일러는 내가 만약 범인이라면 '어디로 도망을 갔을까?', '어디에 가서 숨으려고 했을까?' 등의 관점에서 프로파일링을 시작한다. 답은 범죄 현장에 증거로 남아 있고 범죄자에게 있을 뿐이다.

프로파일러는 청산유수같이 말을 잘하고 보고서를 그럴 듯하게 쓰는 사람일까? 편하게 앉아서 그저 말로 범인의 범행을 자백하게 만드는 사람일까? 이런 것은 겉으로 보이는 이미지에 불과하다.

프로파일러는 범죄자 입장이 되어 범죄자처럼 생각하는 사람이다. 이것은 강력범행의 범죄자를 검거할 때 유일하게 사용되는 방법이기도 하다. 예를 들어, 실종 사건이 일어났을 때 사건이 일어난 시간과 그날의 날씨를 알아보고 그와 비슷한 날을 선택하여 피해자가 실종되었을 자리에 가서 주변 곳곳을 샅샅이 살펴본다. 그러면 사건이 발생한 주변의 특성을 알게 되어 어떤 상황에서 사건이 일어났는지 예측할 수 있게 된다. 이렇게 여러 가지 정황을 분석하여 프로파일링을 한다.

프로파일링과 과학수사

노인을 살해한 네 건의 연쇄살인사건이 발생했다. 그중 네 번째 사건에서는 피해자가 저항한 흔적이 전혀 나타나지 않았다. 그러나 보이지 않는 흔적을 찾아내고 알아내는 것이 과학수사다.

범인이 집안에 있는 현금을 그대로 두고, 피해자의 뒤통수나 광대 부위를 벽돌 같은 둔기로 쳤다고 한다면 이것은 살인이 목적이라고 볼 수 있다. 범인은 주택을 침입했고 발자국은 작은방으로 향해 있었다. 큰방에는 남자가 있었고 작은방에는 여자와 어린이가 있었다.

이런 정황으로 볼 때 범인은 공격성은 높지만 대범하지는 않다고 판단할 수 있다. 이렇게 얻어진 정황과 사건 현장의 흔적을 과학적으로 분석하여 프로파일링을 하는 것이다. 예를 들어, 다음과 같이 프로파일링을 한다.

- 범죄자의 키와 몸무게는 어떤가?
- 과거에 어떤 병에 걸렸는가?
- 부모의 직업은 무엇이고 성장과정은 어떠했는가?
- 한 달 수입은 어느 정도였는가?

- 말하는 스타일은 어떻고 옷차림은 어떠한가?

- 범행을 한 날의 날씨는 어땠는가?

- 어떤 공간에서 범행이 이루어졌는가?

- 시간은 언제였는가?

- 범행 도구로 사용한 것은 무엇인가?

위 연쇄살인사건의 범인은 다행히 검거되었다. 피의자는 프로파일러와 면담할 때 과거 5년 동안 교도소에서 지낸 적이 있었는데 교도소 생활이 고통스러웠다고 털어놓았다. 같은 방을 쓰는 수감자들에게 많이 맞았다고 고백한 뒤 살인한 모든 범행을 자백했다.

프로파일러는 피의자가 교도소에 있는 동안 범죄자들과 같은 방을 쓰면서 스트레스를 많이 받았을 것으로 판단했다. 성격은 소심하지만 공격성이 강하고 사교적이지 않은 성격으로 분석했다.

프로파일러의
어려운 점

프로파일러가 되면 중앙경찰학교에서 8개월 동안 신임 교육과정을 받고, 이때 경찰관으로서 갖는 기본 소양을 배운다. 그 뒤로도 공부의 연속으로 보면 된다.

교육을 마치고 나면 지방청 과학수사계에 배치되는데 프로파일러가 근무할 수 있는 부서는 한정되는 것이 현실이다.

프로파일러의 근무시간은 매우 긴 편이다. 범죄자가 언제 사건을 일으킬지 알 수 없으니 긴장을 늦출 수 없다. 프로파일러는 집에 다녀온다고 할 정도로 야근을 자주한다. 멀리 출장도 가야 한다. 사건이 발생하면 새벽이든 밤이든 긴급 출동해야 하므로 업무 강도가 센 편이다.

범죄 현장에서 발견된 지문이나 혈흔 같은 증거물에 대

해 과학적으로 분석하고 판단하는 일은 결코 쉬운 것이 아니다. 끔찍하고 힘든 사건들을 많이 대면하기 때문에 늘 정신건강을 잘 살펴야 한다. 안 좋은 경험이나 기억일수록 빨리 잊어서 충격을 완화시키고 감정을 둔화시켜야 정신 건강에 좋다.

프로파일러는 신체와 정신이 모두 힘든 직업이라서 가족의 배려와 격려가 절실하게 필요하다. 경찰의 휴일은 범인이 정해준다는 말이 있을 정도로 가족과 함께 하는 시간이 매우 적다.

책임감과 정의감이 요구되는 직업인만큼 사회를 위해 중요한 역할을 수행하는 것을 보람으로 여기면서 어려운 점을 극복해나가야 한다. 개인과 가족이 희생해야 하는 부분이 많으므로 남다른 각오가 필요하다.

프로파일러의 책임감

프로파일러를 처음 시작하고 범죄 현장에 대한 충격과 감정이 조금 무뎌지기 전까지는 프로파일러 생활에 적응하기가 무척 힘들다. 범죄는 계속해서 진화하므로 그에 맞게 정보를 찾고 대비를 해야 하는 책임감 또한 크다.

프로파일러는 주로 강력범죄사건에 투입되므로 처참한 범죄 현장과 시체를 수없이 봐야 한다. 사건의 가해자를 만나야 하고, 충격과 공포에 휩싸인 피해자와 유가족을 대하는 일은 정신적인 스트레스가 만만치 않은 일이다. 현실을 외면하고 싶을 때도 있지만 고통 속에 있는 피해자와 유가족을 생각하면 사건 해결을 위해 실마리를 찾아 나설 힘이 생긴다. 또 다른 피해자가 생기면 안 된다는 간절함과 책임감, 사회 정의를 위해 일한다는 보람과 사명감이 오늘도 프로파일러를 뛰게 한다.

프로파일러는 늘 긴장하는 직업

범인이 택시운전사로 가장해서 젊은 여성을 살해한 사건이 있었다. 프로파일러 입장에서 금쪽같이 귀한 딸을 잃고 비통해하는 부모를 만나는 일은 매우 가슴 아픈 일이다. 그러나 누구나 범죄 대상이 될 수 있고 반드시 범인을 찾겠다는 프로파일러의 의지가 먼저이기에 프로파일러는 늘 이성적으로 상황을 받아들여야 한다.

프로파일러는 언제 터질지 모르는 사건에 대해 늘 긴장하고 있어야 한다. 사건이 터지면 밤을 꼬박 새우기도 한다. 최선을 다해 수사하고 진실을 밝혀서 피해자의 억울함을 풀어주겠다는 마음가짐으로 일하는 것이 중요하다.

프로파일러의 사명감

우리나라 경찰이 살인사건의 범인을 검거하는 비율은 90%가 넘는다. 다른 나라와 비교해도 매우 높은 수치다. 어느 정도 시간이 주어지면 살인범을 잡아낼 역량이 충분하다는 것을 의미한다. 하지만 사회적으로 프로파일러에 대한 기대가 높아서 조급해지는 것이 사실이고 해결되지 않은 사건을 쉽게 포기하지 못하기도 한다.

지나친 언론보도 경쟁이 문제가 되기도 한다. 수사에 혼선을 일으킬 수 있기 때문이다. 또 범죄자가 방송을 보고 다음 범행을 계획하는 일이 생겨서는 절대 안 된다. 언론보도는 국민의 알 권리를 존중하면서도 필요 이상의 범인 정보를 공개하지 않는 선에서 해야 한다. 프로파일러들은 똘똘 뭉친 사명감과 질긴 근성으로 범인 검거에 최선을 다하고 있으므로 믿고 기다려 준다면 사건을 충분히 해결할 수 있는 사람들이다.

강력사건이 발생하면 프로파일러는 며칠씩 집에 들어가지 못한다. 주로 현장에서 일을 하다 보면 겨울에는 추위, 여름에는 더위와 벌레 때문에 어려움이 많다. 처참한 사건 현장을 보는 것은 정신적으로 매우 힘든 일이고, 시신에서 나는 냄새를 견뎌야 할 때도 있다. 하지만 범인을 꼭 잡아서 피해자의 억울함을 풀어주겠다는 사명감으로 견디고 있다.

프로파일러 업무의 후유증

프로파일러는 일에 집중할 때 힘들거나 쉬고 싶다는 생각을 하기가 어렵다. 사건이 발생했다는 연락을 받고 현장으로 달려가 발자국이 어떤 방식으로 났는지, 어떤 방법으로 침입했는지를 살피면서 온갖 추리를 하다 보면 한나절이 훌쩍 지나간다. 그리고 나면 살인사건의 경우, 검시관과 함께 영안실에 가서 시신에 난 상처를 직접 확인하고 의견을 나눈 뒤 보고서를 작성해야 한다. 이 보고서가 프로파일링의 기초 자료가 된다.

어느 프로파일러가 눈이 엄청 많이 오던 날, 한 지역에서 살인사건이 났다는 연락을 받고 나갔다. 차가 다니지 못할 정도로 눈이 쌓여 걸어가기로 작정하고 두 시간을 걸었다. 새벽 눈길을 걸으면서 이게 뭐하는 건가 생각했지만, 사진으로 보는 것보다 현장을 직접 봐야 사건을 해결할 수 것 같았다. 그때는 힘든 줄 몰랐는데 그런 일들이 잦아졌고, 세월이 지나면서 몸이 아프기 시작했다고 한다.

프로파일러의 실내 업무 세 가지

프로파일러의 실내 업무는 사건 성격에 따라 세 가지로 나눈다.

첫째, 범인이 검거되었고 범죄 사실을 고백한 경우다.

피의자 개인이 한 일과 과거에 벌인 일, 경험을 듣고 범죄를 일으킨 과정을 정리하고 분석한다. 이 자료를 범죄분석시스템에 올려서 전국에 있는 프로파일러와 공유하여 사건 해결을 추진한다.

둘째, 범인을 검거했지만 자백하지 않은 경우다.

심문실 환경을 바꾸어서 피의자의 심리를 불안하게 만든 다음 범행을 자백하도록 유도한다.

셋째, 피의자가 검거되지 않은 경우다.

이 사건과 비슷한 과거의 사건 수사기록을 검토하고, 사건 관계자나 목격자, 피해자를 만나 면담한다. 여러 번 방문한 사건 현장을 바탕으로 범행 고유의 목적을 찾기 위해 범죄를 재구성해본다.

프로파일러의 프로파일링 전달

프로파일러가 프로파일링을 마치면 수사팀에서 다시 프로파일링을 한다. 이때 수사지휘관에게만 분석 의견을 전달할지, 아니면 수사팀 전체에 직접 전달할지 결정해야 한다. 수사팀마다 특징이 다르니 효과적인 전달 방법을 찾아야 한다. 언론에서 프로파일러와 수사팀이 갈등이 있다고 보도한 적이 있는데 논쟁이나 토론을 할 뿐 갈등은 없다.

예를 들어 수사관이 피해자와 가해자가 서로 얼굴을 아

는 사이라고 했다고 해보자. 프로파일러 분석에서 서로 모르는 사이로 나올 경우라면 수사관을 설득하고 이해시키는 것이 프로파일러의 역할이다. 이때 "당신은 왜 그렇게 생각하느냐?"처럼 수사관의 의견을 묻는 질문은 하지 않는다. 상대방의 생각이나 의견보다는 토론이나 논쟁을 통해 합일점을 찾아서 범인을 잡는 게 목표이기 때문이다.

평정심을 유지하는 프로파일러

프로파일러도 사람이다. 참혹한 사건 현장을 보고 분노가 생길 때 범인과 면담을 나누는 것이 어려울 수 있다. 특히 범행에 대한 확증이 있는데도 범인이 범행을 부인하거나 거짓말을 할 때 범인을 마주하는 일은 힘들다. 처음에는 범인의 사고방식을 이해하기 어려울 수 있지만, 범인과의 면담이 거듭되면서 범인의 사고에 객관적인 시각을 갖게 된다. 당시는 이해하기 힘든 범인의 심리도 자료가 될 수 있으므로 나중을 위해 범인의 말이나 행동을 모두 기록해놓는다.

프로파일러는 끔찍한 범행 현장을 보거나 범인을 만난 뒤 우울감을 느끼기도 한다. 범인에 대한 분노가 생기거나 선입견을 갖는 등 스스로 안 좋은 방향으로 변하게 될까봐 불안하기도 하다. 그럴 때는 피해자의 명복을 빌면서 자기만의 방식으로 기도를 하면서 평정심을 찾는다. 범죄는 시간을 가리지 않고 일어난다. 프로파일러는 자다가도 뛰어나가서 현장을 살펴야 하는 일이 많다. 경찰이나 과학수사대보다 현장을 먼저 보고 프로파일링을 해야 하기 때문이다.

프로파일러에게 필요한 상담과 치료

프로파일러는 강력사건이 일어나면 시신을 직접 봐야 하고 과학수사요원과 함께 참혹한 현장을 접하는 일이 잦다. 이렇게 프로파일러의 업무는 강력범죄 사건이라는 특수한 사항이기 때문에 누구에게나 쉽게 털어놓을 수 없다. 또 털어놓는다고 해도 이해할 사람도 없으며 찾아갈 곳도 없다. 이 같은 이유로 때로는 심리 상담을 받아야 할 때도 있다.

프로파일러는 프로파일러들끼리 사건에 대해 이야기를 나누는데, 이 과정이 치유의 시간이 되기도 한다. 서로에게 치유받고 힘을 얻으면서 또 다른 범죄를 해결해나간다. 이는 자신들의 일이 자기 개인의 일이 아닌 사회의 안전을 위한 일임을 아는 프로파일러의 자부심이기도 하다.

프로파일러의
하루

해마다 연쇄살인사건이 줄어드는 것은 그 뒤에서 묵묵히 일하는 프로파일러의 노력이 매우 크다고 할 수 있다.

프로파일러는 도시에서 갑자기 일어난 변사사건과 강간사건 같은 강력사건을 거의 매일 검토한다. 이는 추가로 일어날 범죄를 미리 예방하기 위해서다. 연쇄살인이 어느 날 갑자기 일어나는 경우는 없다. 작은 범죄에서 시작하기 때문에 전과범을 예리한 시각으로 관찰하고 있다가 범죄가 시작될 조짐이 보이면 만나서 면담을 하며 범죄를 실행하지 못하도록 해야 한다.

범인과 어떻게 면담을 할까?

범인이 확인되지 않은 사건을 맡았을 때 프로파일러는

현장에 먼저 출동한다. 피해자가 어떤 이유로 이 장소에 있었는지 생각하는 것이 프로파일링의 출발점이다. 범행 현장의 분위기와 범행 흔적을 자세하게 보면서 범인을 추적하기 위해 범행 특징을 찾는다.

프로파일러팀이 가장 먼저 현장 관찰을 마치면 현장감식팀이 사건 현장에 들어가서 DNA나 지문, 발자국, 혈흔 같은 흔적을 찾아낸다. 그런 다음 모두 한 자리에 모여 수사회의를 한다. 프로파일러팀은 범행을 본 입장을 제시하고, 현장감식팀은 증거를 제시하면서 수사 방향을 잡아간다.

범인이 검거된 사건의 경우는 우선 범인과 면담할 일정을 정한다. 면담은 범인에게 직업이 무엇인지, 좋아하는 게 있는지 물으며 가볍게 시작한다. 진짜 해야 할 질문은 서서히 진행한다. 어린 시절이나 부모에 대한 이야기, 청소년 시절 이야기, 범행 직전에는 어떤 생활을 했는지를 듣고 범인의 삶을 추측한다.

범인이 다른 사람과 관계를 어떻게 맺는지 알아보려면 친구와 이성친구, 직장동료에 대해 질문을 한다. 면담 마지막 부분에 가서야 범행할 당시에 마음 상태는 어떠했는지, 범행 동기가 무엇이었는지 질문한다. 그리고 난 뒤에 보고서를 쓰는데, 보고서 내용은 범인과의 면담과 사건에 대한 내용으로 작성한다. 이런 과정을 거치면서 관찰한 내용을 결과물로 만들어야 하기 때문에 세심한 관찰력은 프로파일러에게 반드시 필요한 능력이다.

프로파일러의 색다른 업무

2005년 이전에는 몇몇 형사가 살인사건 자료를 모아 프로파일링을 혼자 공부하는 정도였다. 당시는 경찰과 검찰이 누가 수사를 할 것인지 다툼이 자주 있었다. 경찰은 수사권을 가져오기 위해 과학수사를 하는 자신들의 실력을 보여주려고 프로파일러를 내세웠다. 하지만 수사권을 가져오지는 못했다. 그러자 2005년 정식으로 10여 명의 프로파일러가 받아들여졌다. 그러나 형사들의 반응은 냉소적이었고 사건을 빼앗긴다고 생각했는지 수사 자료를 공유하지도 않았다. 현재는 프로파일러와 형사가 업무를 따로 하기 때문에 부딪치는 일이 없다.

프로파일러들은 신입 교육에 참여하여 프로파일링의 중요성을 알리는 일도 한다. 선배로서 신입 교육을 하는 것은 매우 중요하다. 범죄 사건의 단서를 분석하고 용의자의 성격이나 행동유형을 추론하며 수사 방향을 설정하는 것까지 프로파일러가 하는 일을 설명해주는 일이다.

또 경찰학과 학생들을 지도하는 일도 보람 있는 일이다. 그 학생들 중에 반 이상은 경찰로 근무하고 있다. 수업 시간에 실제로 해결되지 않은 사건을 분석하고 추적해보기도 한다.

프로파일러 중에는 통계학을 전공한 사람도 있다. 전공을 살려 범죄통계학을 활용한 지리 프로파일링을 하거나, 혈흔 패턴을 통해 현장을 재구성하기도 한다. 사회학이나 문화인류학을 전공하고 프로파일러가 된 경우는 가족생애사를 통해 범인의 범죄 동기를 찾는 작업을 담당한다.

어느 프로파일러의 하루

오전 8시: 출근하면 가장 먼저 밤사이에 일어난 사건사고를 하나하나 살펴보면서 프로파일러가 투입되어야 하는 사건을 추려낸다. 범인이 검거된 사건은 면담 일정을 정하고, 범인이 확인되지 않은 사건은 현장 출동을 계획한다.

오전 11시: 강력사건이 일어난 구역의 경찰서로 이동한다. 범인을 면담하기 위해서다. 형사 수사가 끝난 상태라면 범인은 경직되어 말이 없을 수 있다. 이때 진솔한 이야기를 이끌어내는 일이 프로파일러의 임무 중 하나다.

오후 2시: 현장감식팀과 사건 현장으로 간다. 현장의 전체 분위기는 어떤지 범인을 추적하는 단서가 되는 범행 흔적이 있는지 면밀하게 찾는다. 프로파일러의 관찰이 끝나면 현장감식팀이 사건 현장에 들어가 조사한다. 얼마 뒤에 현장감식팀과 프로파일러팀이 모여 수사회의를 한다. 회의를 하다보면 어느덧 해가 진다. 사건을 해결하기 위해 동료들과 간단하게 저녁을 먹고 회의를 다시 이어간다.

오후 10시: 범인과 면담한 내용과 사건에 대한 보고서를 쓴다. 이 보고서는 하나의 결과물로, 탐구하는 정신으로 작성해야 한다. 프로파일러는 결론을 도출해낼 때까지 생각에 생각을 거듭하면서 끝까지 파고들어가야 한다. 이렇게 보고서 작성을 하다보면 어느덧 자정이 된다.

새벽 2시: 집에 들어간다. 잠든 가족을 보며 일하면서 받은 스트레스를 푼다. 하지만 잠자리에 누워도 긴장감은 여전하다. 휴대전화를 머리맡에 두고 잠을 잔다. 강력사건은 주로 늦은 밤이나 새벽에 일어나기 때문이다.

프로파일링은 사건을 관찰하고 해석하고 추론하고 결론을 내리는 작업이다. 수학 공식 같지만 사실은 그렇지가 않다. 수학은 대체로 딱 떨어지는 정답이 있지만 프로파일링 과정은 정확한 정답이 쉽게 주어지지 않는다. 하지만 결론은 명확해야 한다.

어느 프로파일러의 고민

프로파일러가 정확한 결론을 내렸어도 범인이 잡히지 않을 때가 있다. 사건이 해결되지 않으면 프로파일러는 해결하고 싶은 마음이 점점 커져서 사건에 더 몰입하게 된다. 사건 해결이 길어질 경우 프로파일러는 피해자가 되어 범행 당시 분위기를 느끼려고 노력해본다. 또 범인을 신속하게 잡아서 죄 없이 죽임을 당하는 또 다른 피해자가 생기지 않도록 하고, 사람들이 억울해서 눈물 흘리는 일이 없게 하려고 일한다. 이렇듯 밤잠 설쳐가며 열심히 일하는데도 평가를 제대로 받지 못할 때 어려움을 느끼기도 한다.

프로파일러가 되기 위해서는 학사 이상 조건을 갖추어야 하지만 현장 업무는 박사 이상의 지식 수준이 요구된다. 그러나 대부분 경장급으로 채용이 되고, 프로파일러가 갖춘 능력보다 낮게 채용이 설정되어 교수급 지원자가 지원을 포기하기도 한다. 이런 분들이 프로파일러로서 활약해야 더 발전할 수 있는데, 참 안타까운 현실이다.

범인의 이야기를 들어주는 것도 프로파일러의 중요한 업무 중 하나이다. 범인이 말하는 것을 싫어할 때는 말을 하도록 유도하고, 말을 많이 할 때는 그 속에서 거짓과 진실을 구분할 수 있어야 한다. 그런 면에서 말이 많은 범인이 더 어렵다고 볼 수 있다.

프로파일러는 직업으로 느끼는 보람이 크지만 남모르는 고충 또한 크다. 연쇄살인범을 만나고 토막 시체 같은 현장을 자주 보다보면 외상 후 스트레스 장애나 신경성질환 발병률이 높게 나타난다. 프로파일러는 기혼자보다 미혼자가 많은데 그 이유는 고된 업무 때문이라고 생각한다.

프로파일러가 되고 싶은 학생은 프로파일러의 이런 고충을 얼마쯤 알고 있어야 한다. 그럼에도 불구하고 프로파일러가 되고 싶다면 그 호기심을 놓지 말고 다각도로 이 직업에 다가가보는 노력이 필요하겠다.

화성연쇄살인사건과 여성 프로파일러

화성연쇄살인사건의 범인이 자백을 한 것은 프로파일러의 활약이라고 언론에 보도되어 많은 사람이 알고 있다. 공소시효가 끝났기 때문에 범인이 자백할 이유가 없었고 프로파일러와 면담을 안 하면 자백 가능성 또한 매우 낮은 상황이었다.

드디어 조사가 시작되고 초반에 DNA 검사가 얼마나 정확한 증거인지 설명하는 것은 여성 프로파일러가 맡았다. 범인은 7차 대면조사에서 입을 열기 시작했다. 범인은 성도착증으로 연쇄성폭행살인을 저지른 강력범이었다. 범인이 대면조사에 계속 출석했던 이유는 교도소에서 25년 동안 격리 생활을 했기 때문에 여성 프로파일러와 대화하는 자리에 나가고 싶은 심리였다고 분석된다. 그런 면에서 여성 프로파일러 역할이 매우 중요했다.

화성연쇄살인범이 범행을 자백한 동기는 프로파일러가 진실을 이야기해달라고 했기 때문이라고 밝혔다. 자백을 받아낸 프로파일러는 이진숙 여성 프로파일러다. 그녀는 석사 과정에서 상담심리를 전공했고 박사 과정에서는 교육사회학을 전공한 심리 전문가다. 범죄자들과 면담을 해보겠다는 단순한 동기로 프로파일러에 지원했다가 강력범죄자의 자백을 받아내는 실력자가 되었다. 그는 경찰청에서 특별채용 기간에 선발한 여성 1호 프로파일러다.

화성연쇄살인범은 자기만의 틀을 가지고 있었고 범행을 진술하면서도 반성이나 죄책감이 없었다. 남의 이야기를 하듯 담담할 뿐 감정 변화 또한 없었다. 연쇄살인범죄자들은 대부분 범죄 동기와 범죄 이유를 명확하게 이야기하지 않는다. 범인은 자신이 벌인 사건을 모티브로 한 영화 〈살인의 추억〉을 봤을 때 별 감흥이 없었다고 말했다. 그 이유는 본인이 저지른 사건이 아니라고 생각했기 때문이다. 다른 사람의 감정을 이해하려고 하지 않고 본인의 이야기로 인해 상대방이 어떤 기분일지 전혀 생각하지 못하기 때문인데, 이것이 사이코패스의 특징이다.

사이코패스는 함께 영화를 보더라도 다른 사람들이 울 때 아무런 반응이 없고, 다른 사람들이 웃을 때도 그 감정을 전혀 공감하지 못하므로 '이 사람들 뭐야! 이게 울 일이야? 저게 웃겨?'라는 반응을 보인다.

프로파일러는 범죄자와 신뢰감을 잘 형성한다. 일반적인 조사 방법이 아닌 범죄자의 이야기를 충분히 들어주겠다는 접근 방식으로 범죄자의 마음속을 헤집고 들어가기 때문에 자백하는 분위기가 만들어지고 범죄자들은 얌전해진다.

인천모자살인사건에도 이진숙 여성 프로파일러가 투입되었다. 처음에는 피해자의 작은 아들이 어머니 실종 신고를 하여 실종사건으로 접수되었다. 하지만 살인사건으로 전환하여 수사하다 보니 피해자의 작은 아들 부부가 용의선상에 올랐다. 시체 없는 살인사건으로 검토하는 단계였는데, 피해자 며느리가 최면수사를 받아서라도 시체가 있는 장소를 알려주고 싶다고 말했다. 하지만 프로파일러는 그녀가 최면을 진짜 받고 싶은 게 아니라고 판단하여 그 집에 가서 함께 잠을 자면서 많은 이야기를 했다.

며느리는 프로파일러가 되는 게 꿈이었다고 털어놓았다. 그 집에는 프로파일링에 관련된 책들이 많았다. 관련 TV

프로그램도 즐겨봤으며 다운 받아놓은 자료도 많았다.

최면은 본인이 기억하지 못하지만 기억하고 싶은 일을 회상시키는 방법인데 실제 수사에 활용한다. 이진숙 프로파일러는 그 순간을 놓치면 사건을 영영 해결하지 못할 것 같아서 모든 지식을 동원하여 며느리에게 최면을 걸었다. 그 결과 작은아들이 재산을 노리고 어머니와 형을 살해한 사건으로 밝혀졌다. 인천에서 범죄를 저지르고 울진과 정선에 시체를 버린 사실도 드러났다. 이진숙 프로파일러는 피해자의 며느리를 데리고 울진과 정선에 가서 시체를 찾아냈다. 그러나 며느리 본인은 남편이 어머니와 형을 죽인 사실을 입증하고 극단적인 선택을 했다.

프로파일러와 범죄자가 라포르 형성이 잘된 경우였지만, 법정에 세워 본인이 사건을 인정하게 하는 일이 프로파일러 역할인데 그 과정을 하지 못한 아쉬움이 남는 사건이라고 이진숙 프로파일러는 회고했다.

프로파일러의
자질

경찰공무원들 중에 프로파일러에 대해 관심을 가진 사람들이 많다. 범죄 관련 학문을 연구하는 학자들이나 프로파일러와 관련된 공부를 하고 있는 학생들도 관심이 높다.

여러분 중에 프로파일러가 되고 싶은 학생이 있다면 당연히 학교 공부를 잘하는 것이 유리하다. 그 외에 인간을 이해할 수 있는 인문학 관련 책을 통해서 간접 경험을 쌓아보는 것은 어떨까? 간접 체험만으로 부족한 부분은 학교에서 진행하는 진로직업 프로그램이나 직업박람회에 참여하고, 현장에서 일하고 있는 프로파일러를 만나본다.

프로파일러는 단기간 교육을 받아 이룰 수 있는 꿈이 아니다. 범죄자의 심리를 분석하기 때문에 심리학이나 사회학을 공부한 학위와 다양한 현장경험도 필요하다. 특히 학구적인 부분을 체계적으로 계속 채워나가야 하므로 공부하는 데 거부감이 없어야 한다. 자신의 내면도 잘 돌봐야 한다. 무슨 일을 하든지 스스로가 자신을 소중히 생각해야 하는데, 프로파일러는 특히 더욱 그렇다. 높은 자존감과 강한 내면을 가져야 끔찍한 사건 현장을 자주 보더라도 마음이 덜 황폐해지기 때문이다.

프로파일러가 지니면 좋은 것들

프로파일러는 범죄자의 심리와 범죄 계획, 범죄 흐름을 꿰뚫어 보는 통찰력이 필요하다. 통찰력을 기르려면 사회현상에 관심을 갖고, 일상 속에서 신문이나 뉴스를 주의 깊게 보면서 사회의 흐름을 읽어보는 연습을 지속적으로 하는 것이 좋다.

프로파일러는 용의자나 피의자 앞에서 심리전을 펼쳐야 한다. 피의자의 심리적 약점을 공략하여 사소한 말이나 행동에서 사건의 열쇠를 찾아 자백을 받아낸다. 이때 범인의 심리를 공략하는 무기는 고압적인 태도가 아니라 차분하게 설득하는 화법이다.

프로파일러는 정의감이 있어야 한다. 수사는 모든 것이 확실하지 않은 상태에서 시작된다. 사건이 쉽게 풀리지 않아 해결될 기미조차 보이지 않을 때 끈기를 갖고 버텨야 한다. 범죄자를 찾아 심판을 받게 하고 피해자의 억울함을 풀어주며, 이 세상을 정의사회로 만들겠다는 마음이 있을 때 사건을 끈질기게 붙잡고 해결할 수 있다.

프로파일러에게 필요한 성격

프로파일러의 성격은 꼼꼼한 편이 좋다. 사건에 나타난 사소한 단서를 탐색하고 연구하여 선별하는 직업이기 때문이다. 직업상 잔혹한 장면이나 시체도 많이 보는데, 이런 것들에 트라우마가 생기고 스트레스를 심하게 받으면 이 일을 계속할 수가 없다. 스트레스에 너무 취약한 사람은 이 직업에 어울리지 않는다.

사건이 없을 때는 프로파일러의 감을 잃지 않기 위해 다른 지역의 강력사건을 살펴보면서 범인을 유추해내는 연습을 해본다. 우리나라는 프로파일러 직업과 시스템을 도입한 지 얼마 되지 않았기 때문에 해외의 프로파일링 사례나 논문을 보면서 견문을 넓혀가는 것도 좋은 방법이다.

프로파일러는 자신의 판단이 언제나 틀릴 수 있다는 점을 고려해야 한다. 수사관과 검시관, 과학수사요원과 함께 일하기 때문에 자기 주관이 뚜렷한 성격보다는 개방적인 성격이 협업하기에 유리하다. 또 자신이 범인을 추정하고 범행을 예측하여 정확하게 맞는 결론을 내렸다고 해도 스스로의 판단이 옳다고 굳게 믿는 것은 결코 바람직하지 않다. 프로파일링은 눈에 보이는 것을 찾지 않는다. 몇 가지 증거를 가지고, 그보다 더 많은 눈에 보이지 않는 것들을 찾고 논리적으로 예측해 범인을 찾는 사람이다. 누구나 될 수 있지만, 아무나 할 수 있는 일이 아니다.

프로파일러의 자질

프로파일링은 범죄자를 찾는 일에 도움을 주기 위해 사건이 일어난 전후의 모든 것을 검토하고 조사하는 과정이다. 프로파일러는 수사관의 역할과 비슷하지만 수사관들이 범인을 찾지 못할 때 도움을 주는 역할로, 현장 감각과 학문을 모두 갖추어야 한다. 현장을 담당하는 수사관과 학문 지식이 높은 학자 사이를 연결하는 다리 역할이라 할 수 있다. 현장 경험과 학문적 전문성을 두루 갖추어야 훌륭한 프로파일러가 될 수 있다.

한스 그로스(Hans Gross)는 현대 범죄자 프로파일링의 아버지로 불린다. 그의 저서 『범죄수사』(1924)에 프로파일러의 자질을 소개했는데, 많은 세월이 지났지만 변함없이 활용되고 있다. 그가 제시한 프로파일러의 자질에 대해 알아보자.

첫째, 풍부한 에너지가 늘 넘쳐야 한다. 날씨나 사람에 따라 기분이나 감정이 변하면 안 되고, 운동선수처럼 상대에게 돌진하듯이 넘치는 에너지를 가진 사람이어야 한다.

둘째, 자신을 부인할 줄 알아야 한다. 옳은 결론을 내릴 자신이 없는데 대중을 의식하면 자신을 과장하는 마음이 생긴다. 부풀려진 자신의 가치를 과감하게 내려놓고 사려 깊은 조사와 행동으로 자신을 지켜야 한다.

셋째, 사업가 두뇌를 가져야 한다. 범죄자를 추정하려면 일반인이 상상하는 것보다 많은 자료를 분석하고 기법을 발전시킨다. 그러려면 사업가처럼 많은 자료를 보고 이해하며 미래를 계획하듯이 치밀하게 해야 하므로 사업가 두뇌가 아니면 불가능할 수 있다.

넷째, 수용하는 마음을 가져야 한다. 사건의 많은 증거를 취급하면서 자신이 좋아하는 것만 하고 피하고 싶은 것을 제외시킨다면 사실을 밝히는 결과를 반 정도만 취급하게 된다. 훌륭한 프로파일러는 일하기가 좋든 싫든 가리지 않고 받아들일 수 있는 마음이어야 한다.

다섯째, 범행의 원인과 증거를 조사할 때 분명하고 정확해야 한다. 어림짐작으로 판단하여 얻은 결과물로 프로파일링을 하면 죄 없는 사람이 피해를 입거나 범인이 될 가능성이 있다. 정확하지 않으면 전혀 다른 결과가 나오므로 정확하려면 캐물어야 한다.

여섯 번째, 교육 수준이 높아야 한다. 프로파일러가 다루는 자료는 매우 다양하다. 사건에 관련된 증거를 해석하려면 특정한 어떤 지식보다 종합적인 여러 지식이 필요하다. 의학이나 공학, 물리학 같은 지식을 총체적으로 갖게 되면 사건을 보다 정확하게 이해할 수 있기 때문에 수준 높은 교육을 받아야 한다.

일곱 번째, 모든 일에 심사숙고해야 한다. 일을 대충 처리하거나 얼렁뚱땅 넘어가면 자질을 갖추지 못한 프로파일러이다. 어떤 한 가지 사실을 폭넓게 생각하고 깊이 파고들면서 이해를 찾는 사람이 프로파일러로 성공할 수 있다. 급하게 내린 결론은 모든 작업을 가치 없게 만든다.

여덟 번째, 정직해야 한다. 근거도 없고 확신하지도 않으면서 손쉽게 프로파일링을 한다면 자신과 모든 사람을 속이는 일이 된다. 정직은 모든 사람에게 요구되지만 모든 일을 계획하고 옳은 결론을 내야 하는 프로파일러에게는 항상 지녀야 하는 신앙 같은 것이다.

프로파일러는 사건을 해결하고 범죄자를 잡겠다는 마음으로 끈기 있게 일하면서, 조급함과 허세 같은 유혹에 휘말리지 않아야 한다.

처음부터 이 같은 자질을 갖춘 프로파일러는 세상 어디

에도 없을 것이다. 프로파일러의 자질은 훈련과 교육, 수련을 통해 대부분 얻을 수 있고 꾸준히 노력하면 얻어지는 최종 의미로 해석하면 된다.

성공적인 프로파일러가 되려면

프로파일러는 지식을 탐구하고 정보와 자료를 분석하는 사람이다. 새로운 정보와 지식을 많이 아는 것도 중요하지만, 한 가지 단서나 증거를 끝까지 파고드는 것을 즐길 줄 알아야 한다. 지식과 자질을 갖추었다고 끝이 아니라는 뜻이다. 스스로 지식을 탐구하려는 욕심이 샘솟아야 한다.

프로파일러는 병적으로 사건에 집착한다. 실마리조차 전혀 잡히지 않는 자료를 가지고 범인을 추정하는 것은 집요한 집착 없이 결코 이루어낼 수 없는 일이다. 시작을 했다 하면 지칠 줄 모르고 끝을 보는 사람이 프로파일러로서 적합하고 성공할 수 있는 성향을 가진 사람이다.

심리 방어벽을 무너트리는 프로파일러

강력사건 범인이 검거되었을 때 형사들은 범인의 입을 열려고 강하게 압박을 한다. 그러는 동안 프로파일러팀은 범인이 하는 말이나 행동을 듣고 보며 심리적인 반응을 면밀하게 살피면서 기록한다. 그리고 나서 범인이 형사의 취조가 지나갔다고 숨을 돌릴 때 프로파일러가 투입된다.

프로파일러들이 부드러운 목소리로 인사를 건네거나 일상적인 소소한 이야기를 시작하면 범인은 심리적으로 긴장을 풀고 경계를 늦추게 된다. 이러한 과정은 범인이 마음에 쳤던 단단한 방어벽을 허무는데, 이때가 바로 프로파일러의 자질이 발휘되는 순간이다.

범인 중에는 사람을 믿지 못하여 도움을 거부하는 사람도 있지만 도움의 손길을 바라는 이들도 있다. 이런 특성을 파악하여 면담할 때 활용하면 범인의 심리 방어벽을 보다 쉽게 깰 수 있다. 심리 방어벽이 무너지는 적절한 때를 프로파일러가 포착하고 거짓말 탐지기와 뇌파 검사를 투입하여 범인의 자백을 받아내게 된다. 이 과정에서 프로파일러의 의견은 중요하게 받아들여져 결정적인 역할을 한다. 프로파일러에게 무엇보다 중요한 능력은 나무보다 숲 전체를 보는 안목이다.

심리학에 대해 더 알고 싶어요!

Q. 심리학을 전공하지 않고 프로파일러가 될 수 있나요?

A. 심리학 공부는 필수입니다. 저는 과학수사 경력을 쌓으면서 범죄심리를 공부했습니다. 제가 해외 연수를 갔을 때 캐나다의 한 프로파일러가 "심리쪽 석사나 박사 학위가 없어도 프로파일러 일을 할 수 있는 것은 강력사건 현장에서 경험을 많이 한 덕분이에요."라고 말했어요. 전 그의 말에 자신감을 얻었지요.

후배들에게 현장 경험을 먼저 하고 프로파일링에 필요한 여러 가지 공부를 해도 늦지 않다고 말해주고 싶어요. 앞에서도 말했지만 프로파일러에게 심리학 공부는 필수입니다. 범인과의 심리전이나 심리를 이용하여 범행 자백을 받아내야 하는데, 심리학을 모르고 어떻게 그 일을 하겠어요. 무엇이 먼저일까 하는 생각보다 무엇을 먼저 해야 할까를 생각해보세요.

Q. 심리학 공부는 왜 필요한가요?

A. 여러분이 범인을 검거했다고 생각해보세요. 그 범인은 겉으로 보기에 매우 순하고 멀쩡해 보여요. 끔찍한 살인을 저질렀다는 사실이 믿어지지 않을 정도로요. 그러나 강력범죄는 보이지 않는 것들에서 접근해야 합니다. 그런 이유로 심리학 공부가 필요해요. 범인을 보면 범행을 한 그의 심리가 보입니다. 보이지 않는 심리를 알아내기 위해 필요한 자극을 주면 범인이 자신의 마음을 드러내지요. 프로파일러는 보이지 않는 내면의 깊은 세계를 보이는 세계로 끌어내는 직업입니다.

Q. 심리학과에 가면 무엇을 공부하나요?

A. 심리학은 이론심리학과 응용심리학, 두 가지가 있어요. 이론심리학은 성격심리학, 학습심리학, 생리심리학, 발달심리학, 인지심리학이 있는데 모두 공부해야 합니다. 응용심리학에서는 사회학과 연계된 사회심리학, 정신과학과 연계된 이상심리학, 정신건강학, 임상심리학을 공부합니다. 여러 학자들이 주장하는 상담과 치료이론을 공부하고

실제 상담 실습을 하고 훈련하는 과정이 만만치 않습니다. 새로운 이론과 실험이 계속되기 때문에 공부를 계속해야 합니다.

Q. 심리학 전공자들은 주로 어떤 직업을 선택하나요?

A. 어린이, 성인, 노인을 상담하는 심리 전문가로서 주로 일합니다. 직업상담사로도 일할 수 있는데, 이는 적성과 능력에 맞는 직업을 선별하도록 도와주는 일이에요. 심리 전문가들은 병원이나 기관에서 일하며, 사회복지관과 어린이 관련 기관에서 전문 상담사나 심리치료사로서 일해요. 요즘은 개인 상담실을 갖고 있는 심리 전문가들이 많습니다.

심리학을 전공한 학생들 중에 범죄심리학과 프로파일러에 관심을 갖는 학생들도 있습니다. 강력범죄가 늘어나면서 앞으로 이쪽으로 많이 진출할 것으로 예상합니다.

Q. 심리학을 전공하면 어떤 장점이 있을까요?

A. 심리학을 공부하면 먼저 자신의 내면을 돌아보게 되는데, 그 과정에서 성숙한 인간으로 살아가는 방법을 배웁니다. 우리는 살아가면서 인간관계에서 많은 갈등을 겪게 됩니다. 이때 생기는 모든 문제는 마음과 관련되어 있습니다. 심리학을 공부하면 자신을 들여다보면서 자연스럽게

다른 사람의 마음을 이해할 수 있습니다. 이로써 자기 자신을 비롯해 타인과의 관계를 개선할 수 있습니다. 상담을 통해서 다른 사람에게 도움을 주기 때문에 보람을 느낄 수도 있습니다. 마음과 행동의 변화는 빠르게 나타나지 않지만 서서히 안정을 찾아가는 모습을 지켜보는 기쁨이 있어요.

Q. 심리학을 전공하고 싶은 학생이 지금부터 해야 할 공부는 무엇일까요?

A. 심리학은 기본적으로 사람을 관찰하는 능력과 마음을 이해하고 공감하는 능력을 배우는 학문입니다. 이렇듯 인간관계에서 벌어진 문제를 해결하고 의사소통을 잘하려면 아무래도 말과 글을 능숙하게 다뤄야겠지요? 말과 글에 친숙해지려면 평소에 대화를 많이 나누고 책 읽는 것을 즐기면 도움이 됩니다.

또 사회 현상을 이해하는 것도 중요하니까 사회 과목을 열심히 공부하는 건 어떨까요? 심리학은 인간 행동을 과학적으로 연구하는 학문입니다. 모든 연구는 실험연구를 통해 통계와 수치로 설명하기 때문에 '통계'라는 학문이 필수입니다. 이를 위해 지금 여러분이 할 수 있는 것은 수학 공부를 열심히 하는 거예요.

Q. 심리학과는 미래에 전망 있는 전공일까요?

A. 사회에서 복지와 정신건강의 중요성이 강조되고 있어서, 사회복지 관련 과목이나 심리학과 관련된 상담심리학이나 임상심리학 같은 과목이 많이 개설되고 있어요. 이와 동시에 심리학 전공자들이 사회 곳곳에서 필요하게 되겠지요? 미래에 전망 있는 직업을 조사한 통계에 따르면, 상담심리사나 임상심리사가 상위 직업군에 속해요.

Q. 심리학과 관련된 직업 중에 미래 전망 있는 것은 무엇일까요?

A. 심리상담사들도 의사들처럼 전문 분야가 있어서 전문 영역에 따라 개인 상담에 더 많이 치중하고 있어요. 앞으로는 개별 맞춤상담 같은 분야에서 심리전문상담가들이 더 많이 배출될 것입니다. 또 범죄 상담과 범죄심리학이 크게 발전할 것으로 예상하고 있습니다. 노인 인구가 크게 늘어나면서 노인전문심리상담사도 인기가 높아질 거예요.

4장
프로파일러의
미래는 어떨까?

4차 산업혁명과
프로파일러

4차 산업혁명 시대가 몰고 온 새로운 물결은 날로 거세지고 있으며, 이것이 여러분에게 끼치는 영향은 생각보다 훨씬 깊고 방대하다. 여러분의 미래는 인공지능 AI나 5G 같은 다양한 분야에서 시작될 것이다. AI가 인간의 영역을 넘어선 후 일자리가 감소하고 사라질 직업들이 발표되면서 많은 사람들이 일자리를 잃게 될 것을 걱정하고 있지만, 과연 그럴까?

4차 산업혁명 시대는 빠르게 흘러가는 변화의 흐름을 누가 더 잘 적응해서 자기 것으로 만드는지가 중요하다. 생각을 폭넓게 열고 끊임없이 진화해야 세상 변화에 적응할 수 있게 된다. 인구는 줄어들고 사라지는 직업은 많고 AI시대는 코앞에 와 있다. 이제 한 가지 직업만 고집하며 살아가야 한다는 사고방식을 먼저 바꿔야 한다.

과학의 발전으로 100세 시대가 시작된 지 오래다. 사람은 100살까지 살면 행복할까? 어느 경제학자는 앞으로 70세까지 일을 해야 한다고 말했다. 이런 관점에서 보자면 그렇게 긍정적이지만은 않다. 그렇다고 우리는 시대를 역행할 수 없다. 그대신 로봇보다 잘하고 오랫동안 할 수 있는 일을 찾으면 된다. 나이가 들수록 경험이 풍부해지고, 경험이 풍부해질수록 전문성이 더 올라가는 직업들이 있다. 그 중에 최고를 심리학 분야 직업군으로 보아도 큰 무리는 없을 것이다. 이렇듯 4차 산업혁명과 심리학은 깊은 연관성이 있다.

목소리로 몽타주를 그리는 AI

1990년대에 일어난 어린이 유괴사건은 전국을 떠들썩하게 했다. 범인은 목소리만 남기고 흔적도 없이 사라졌고 경찰은 범인 검거에 큰 어려움을 겪었다. 만약 목소리로 몽타주를 그리는 AI가 그 당시에 개발되었다면 이런 범죄를 보다 쉽게 해결하는 열쇠가 되었을 것이다. 이 기술은 현재 개발되어 있다.

사람의 목소리만 듣고 몽타주를 그리는 오디오몽타주 AI가 나타났다. 2021년 2월에 방송된 SBS 〈세기의 대결〉에서

AI와 인간이 몽타주를 그리는 대결을 펼쳤다. AI와 대결한 사람은 몽타주의 신으로 알려진 '로이스 깁슨'이었다.

로이스 깁슨은 미국에서 38년 동안 1300명의 범죄자를 잡아내 범인 잡는 아티스트로 유명하다. 목격자가 희미한 기억을 더듬으며 말하는 정보만 듣고 몽타주를 정확하게 그려내는 놀라운 실력을 가졌다. 그는 몽타주 기네스북에 오른 능력자이자, 몽타주 전문가다.

한편, 이 날 방송에서 AI는 6초 동안 목소리를 듣고 목소리 주인공이 어떻게 생겼는지 몽타주를 그렸다. 이 AI는 2017년 서울대 연구진이 개발했다. 서울대 연구진은 '얼굴 생김새에 따라 목소리 특징이 나타나지 않을까?'라는 생각에서 이 개발을 시작했다. 약 80만 건의 정보를 이용하여 수천만 번 결합하고 또 결합하면서 모순이 없도록 딱 들어맞게 학습한 결과, 사진처럼 정확한 묘사는 아니지만 용의자 중에 비슷한 사람을 지목할 정도의 몽타주를 그려냈다. AI가 목소리를 듣고 그려낸 몽타주는 실제 사진과 비교했을 때 일치할 확률이 80%에 가까운 정확성을 보여주었다. 이 AI는 미국 전 대통령 트럼프의 목소리를 10초 동안 듣고 실물에 가까운 몽타주를 그려냈다.

이 방송은 AI와 인간이 대결하는 재미있는 구도였던 동시에, 2021년 현재 인공지능이 어디까지 발전했는지 다 같이 확인하는 시간이기도 했다. 인간이 AI와 공존하는 방향에 대해서도 생각하게 했다.

개발자는 AI가 스스로 학습하여 결과물을 내놓을 때까지 옆에서 도와준다. AI의 결과물을 보고 다시 AI에게 되돌려주는 일을 무한반복 하여 얻은 결과물은 개발자의 노력이고 결실이다. 그래서일까? AI 개발자를 AI 학부형이라고 부른다고 한다. 위 방송에 출연한 AI 개발자는 녹화를 하는 동안 학예회 때 발표를 하러 무대에 올라간 자식을 보듯이 지켜보았다고 털어놓았다.

만약 목소리를 듣고 몽타주를 그리는 AI 기술이 더 발전하면 목소리만 남아 있는 단서를 가지고 사건의 범인을 찾을 수 있는 날이 오지 않을까 기대된다.

속마음을 꿰뚫어 보는 AI

AI와 인간의 대결에서 AI 기술이 인간의 한계를 넘을 만큼 뛰어났는가 자문해보면 그렇지는 않다. AI가 인류를 위협할 정도의 수준이 아닌 것은 다행스러운 일이다. 물론 사람이 이기느냐, AI가 이기느냐의 문제는 아니다. 인간이 AI와 더불어 어떻게 살아야 하는지, 그것에 위험요소가 있다면 어떻게 제거해야 하는지 고민하는 것이 더 중요한 문제다.

AI 인공지능은 인간처럼 생각하고 판단하는 것을 목표로 한다. 6초 동안 목소리만 듣고도 그 목소리를 낸 사람이 어떻게 생겼는지 몽타주를 그려내는 몽타주 AI도 신기한데, 얼굴 인식으로 표정만 보고도 속마음을 꿰뚫어 보는 심리인식 AI도 있다고 한다. 이 기술은 얼굴에 나타나는 미세한 진동을 감지해서 그 사람의 감정 상태를 알아내고 거짓말도 찾아낸다. 다른 사람의 속마음을 알고 싶은 인간의 욕망에 더 가까이 다가선 AI라 할 수 있다.

사람의 귓속 가장 안쪽에는 전정기관이 있다. 이것은 머리의 수평, 수직 선형 가속도, 회전 운동을 감지하고 뇌의 중추평형기관에 전달하여 신체의 균형을 유지하도록 하는 기관이다. 범죄를 일으키거나 마음이 불안할 때 심한 진동이 생기는데, 이를 분석하는 것이 '바이브라 이미지' 기술이다. 빅데이터 분석과 학습을 마친 심리인식 AI는 얼굴 인식을 통해 떨림 정도를 읽어내고 불안한 심리를 수치로 나타낸 다음 숨겨진 속마음을 알아낸다.

중국 공항에서는 마약 밀수나 위조여권을 가진 수상한 용의자들을 잡을 때 실제로 이 AI를 사용하고 있다. 우리나라 서울지방경찰청에서도 거짓말탐지기 대신 활용하고 있다.

심리인식 AI와 프로파일러의 대결

앞서 말한 〈세기의 대결〉이라는 방송에서 심리인식 AI와 프로파일러가 대단한 대결을 벌였다.

'폭발물을 숨긴 범인이 누구인지 찾아라.'

여기에 참여한 권일용 프로파일러는 살해 현장을 목격한 것만 약 2500건, 자백을 받아낸 범죄자만 1천 명이 넘는 실력자이다. 그는 대결에 앞서 이렇게 말했다.

"저는 평생 범죄자들을 봐왔잖아요. 범죄자들에게 나타나는 공통적인 특징들이 반드시 있습니다. 저는 자신 있어요. 인간의 감정은 인간이 더 빨리 포착할 수 있어요."

심리인식 AI와 프로파일러가 수행할 임무는 폭발물이 든 가방을 김포공항까지 운반하는 다섯 명 중에 범인을 찾아내는 일이었다. 다섯 명의 사람들은 세 개의 관문을 통과해야 하는데 1차 관문은 경찰과 심리인식 AI의 검문을 통과하는 것이었다. 2차 관문은 프로파일러의 압박 면접, 3차 관문은 폭발물 탐지견에게 발각되지 않은 것이었다.

방송에 공개된 범인은 2번! AI와 프로파일러가 범인으로 지목한 사람도 2번으로, 동일 인물이었다. 권일용 프로파일러는 2번 범인이 질문에 필요하지 않은 답변을 했고 태도가 지나치게 단호했다며 범인으로 고른 이유를 설명했다. 심리인식 AI는 2번 범인이 공격성과 긴장감이 높고, 불안과 스트레스 수치도 가장 높았다고 분석했다. 심리인식 AI는 의심 기준 수치가 65%를 넘어설 경우 의심 인물로 판단하게 설정되어 있다. 이렇게 AI와 프로파일러가 서로 같은 용의자를 놓고 치열한 경쟁을 펼쳤고, 결과는 무승부였다!

심리인식 AI 개발자 최진관 대표는 범인을 찾아낸 프로파일러가 대단하고 존경스럽다는 인사를 건넸다.

권일용 프로파일러는 AI와 대결한 소감을 이렇게 표현했다.

"지금 AI는 빠른 속도로 진화되고 있습니다. 많은 시간을 들여 경험할 것을 인간과 AI가 어떻게 협력해서 해결해갈 것인지 생각해볼 수 있는 기회가 되어서 좋았습니다."

AI가 뛰어난 기술을 갖고 있더라도 그 능력은 인간이 만들어낸 것이다. 기계는 인간이 만든 기술과 명령어에 의해 움직인다. 따라서 심리인식 AI가 범인을 검거하는 일에 투입되어 프러파일러와 비슷한 예측을 한다고 해도, AI 기술만 전적으로 믿어서는 안 된다. 중요한 판단을 할 때는 인간이 개입하여 AI를 통제할 수 있어야 한다. 왜냐하면 어떤 생각을 하고 판단하여 진실을 아는 것과 정확하게 이해하는 것은 매우 복잡하고 어려운 문제이기 때문이다.

앞으로 AI 기술이 더 발전해야 할 목표는 일반적인 불안과 범죄에 의한 불안을 구분하는 것이다. 심리인식 AI는 지금 이 시간에도 빠른 속도로 진화하고 있다. 인간과 협력하고 보완하는 관계로 방향과 합일점을 찾는다면 다양한 분야에서 사용될 것이다.

미래 프로파일러의
역할

2014년부터 매해 과학수사(CSI) 경진대회가 열리고 있다. 이 대회에서는 미래에 경찰이 되고 싶어서 관련 학과를 전공하는 대학생들이 실제 사건 현장과 비슷한 곳에서 체험할 수 있도록 다양한 프로그램을 제공하고 있다.

대회에 참가한 대학생들은 범죄수사와 프로파일링을 직접 진행하며, 경찰 과학수사팀, 프로파일러팀, 검사팀, 변호인팀, 재판부팀으로 역할을 각각 나누어 체험하고 모의재판까지 경험한다.

각 팀은 과학탐구로 수집한 각자의 증거 자료와 범행 단서를 가지고 논리적인 추론을 펼치면서 서로 겨루었다. 팀마다 발휘하는 역량이 달라 결과 또한 다르게 나타났다. 예를 들어, 경찰행정과 학생들은 학교에서 배우는 헌법, 형

법, 형사소송법 등이 사건에 어떻게 적용되는지 경험할 수 있었다.

초동수사의 중요성을 알고 작은 단서라도 놓치지 않으려고 진지하게 몰입하는 학생들의 모습은 마치 미래 프로파일러들을 보는 듯했다.

4차 산업혁명을 만난 과학수사

과학수사는 범인을 찾아내는 것이 목표이므로, 인공지능(AI), 빅데이터, 인터넷, 모바일 기술 등 사용 가능한 것은 무엇이든 활용한다. 과학적으로 범행 증거를 찾을 수 있다면, 굳이 강압수사를 하여 범인의 자백을 받아내려고 하지 않아도 된다.

특히 빅데이터는 과학수사의 발전에 꼭 필요한 디지털 기술이다. 미제사건이었던 화성연쇄사건의 살인범을 검거할 수 있었던 것도 경찰이 구축해놓았던 데이터베이스 덕분이다. 이는 CCTV, 신용카드나 교통카드를 사용한 자취를 추적하여 범죄 현장을 오가는 과정을 확실하게 알아내는 방법인데, 코로나 방역에서 감염자 동선을 추적하여 알아낸 방법과 같다.

과학수사는 DNA 감식이 핵심이다. 최근 디지털화가 빠르게 진행되고 있어 지문 감식의 자동화가 완성되었다. 범인의 DNA에서 찾아낸 유전정보를 활용하여 눈동자나 머리카락 색깔을 추정하고 몽타주를 만드는 기술도 개발되었다. 2006년 서래마을 영아 살해사건에서는 범죄 현장에 남은 혈흔과 침, 모근이 붙은 머리카락에서 유전자를 뽑아내어 범인을 검거했다. 피해자 내의에 남겨진 희미한 유전자(DNA) 흔적을 분석한 과학수사 덕분이다.

2003년 강원도 삼척에서는 70대 노인을 살해한 범인을 찾아냈다. 과학수사로 흐릿하게 남은 쪽지문을 살려낸 덕분이다. 범인은 사건 이듬해에 다른 절도를 하다가 사망했지만, 16년 동안 절도범의 혈액을 보관한 국립과학수사연구원의 끈기가 돋보인 결과였다.

이렇듯 4차 산업혁명과 매우 밀접한 과학수사는 DNA나 지문으로 법의학 증거를 찾는 데 중점을 두고 있으면서도, 범행 현장에 남겨진 지문이나 머리카락, 혈흔 등 여러 가지 증거물에서 과학 지식과 방법을 동원하여 범행 방식, 범행 동기, 범인으로 추정되는 인물을 찾아내고 있다.

인공지능은 수사관의 보조 수단

과학적 증거에 대한 지나친 기대는 과학수사를 오히려 망칠 수 있다. 검증된 기술만을 사용해야 하고 과학수사의 모든 과정을 전문가에게 철저하게 관리받아야 한다. 또 경험에서 나오는 노련한 수사관의 직관력을 절대 무시하면 안 된다. 인공지능이 X-ray나 CT, MRI를 분석하여 질병을 판독하지만, 최종 결정은 노련한 의사가 하는 것처럼 과학수사도 마찬가지다.

인공지능을 활용하는 디지털 기술은 사람이 정확한 판단을 할 수 있도록 도와주는 보조 수단임을 잊어서는 안 된다. 그렇지 않으면 화성연쇄살인사건처럼 범인으로 몰린 사람이 억울하게 옥살이를 하게 되는 경우가 생길 수 있기 때문이다.

4차 산업혁명 시대에 범죄예방 전략

2020년 10월 대구에서 경찰활동에 관한 학술세미나가 열렸다. 이 학술세미나는 4차 산업혁명 시대의 초고속 연결을 바탕으로 경찰 활동이 변화되고 안전한 사회를 이루기 위한 해결책을 마련하기 위해 준비된 자리였다.

이 세미나에서 동아대 교수는 범죄예방 진단팀을 운영하고 치안 활동과 범죄예방 정책이 가장 효율적인 경찰 전략이라고 주장했고, 현장에 경찰 인력을 보강하는 것이 필요하다고 말했다. 계명대 교수는 4차 산업혁명 시대에 경찰의 의사결정과 어떤 사태에 대처하는 능력을 높여야 하는데 그러기 위해서는 데이터에 기반한 스마트 치안을 강화

해야 한다고 말했다. 특히 스마트 치안은 데이터를 확보하고 지역공동체와 함께 일하는 것이 무엇보다 중요하다고 말했다.

한편 대구경찰청장은 빅데이터를 바탕으로 범죄를 분석하고 112의 신속한 대응으로 경찰 활동을 지속적으로 추진하겠다고 덧붙였다. 이처럼 4차 산업혁명 시대에 범죄예방 전략은 빅데이터를 적절하게 활용하는 경찰 활동을 핵심으로 보고 있다.

프로파일러와 과학수사의 중요성

범죄 동기가 없는 강력범과 단서나 흔적을 남기지 않는 지능범의 증가로 프로파일러의 범죄심리 분석업무가 절실해졌고 과학수사는 필수가 되었다. 과학수사에서 가장 중요한 점은 사건 현장이 훼손되거나 오염되지 않는 것이다. 현장이 보존되지 않으면 수사에 혼선이 발생할 수 있고 범인을 검거할 결정적인 증거를 놓칠 수 있기 때문이다. 이처럼 현장 보존과 증거물 확보의 중요성이 매우 커지고 있다.

증거물의 위치를 측정하고 기록하는 것은 범죄 현장을 재구성할 필요가 있을 때를 대비하기 위해 꼭 필요한 작업이다. 감식팀은 증거물을 수집할 때 새로운 증거물을 만질 때마다 매번 장갑을 갈아 껴야 한다. 현장에서 수거된 증거물은 보존을 위해서 즉시 밀봉 처리한다. 이렇게 모아진 단서와 증거물은 과학수사의 기본이자 진실을 밝히는 대단한 힘이 된다.

미국은 사건 수사의 선진국으로 손꼽힌다. 그들 감식팀이 사건 현장에서 가장 먼저 하는 일은 사진 촬영이다. 전체적인 사진 촬영이 끝나면 수집해야 할 증거물에 표식을 일일이 세우고 사건 현장의 아주 세세한 부분까지 사진을 많이 찍어 남긴다. 나중에 현장 사진만 보고도 사건 현장을 파악하기 위해서다.

우리나라는 신규 채용으로 프로파일러를 새로 뽑기보다는 기존 인력에 전문성을 더하는 쪽으로 프로파일러를 양성하고 있는 실정이다. 그러므로 프로파일러와 하는 일이 비슷한 범죄심리학자, 범죄심리연구원, 심리학 교수, 피해자 전문상담사, 디지털 포렌식 수사관, 드론 수사 같은 직업에 관심을 갖고 제2의 선택을 하는 것도 방법이다.

사회 구조가 복잡한 4차 산업혁명 시대와 미래의 수사 환경에 대비하여 어떤 수사 기법이 필요할까? 여기에서는 디지털 포렌식 수사와 드론 수사에 대해 간략하게 살펴보자.

디지털 포렌식(Digital Forensic) 수사

디지털 포렌식 수사는 정보통신기술(ICT) 발달로 범죄 수단과 증거가 디지털 기기에 있기 때문에 등장한 과학수사 기법 중 하나다. 범죄 피의자로부터 압수한 컴퓨터나 휴대전화, CCTV, 블랙박스 같은 기기에 담긴 데이터를 분석하여 단서를 찾는다. 증거를 남기지 않으려고 기기를 일부러 망가트리거나 자료를 지웠을 때 복원하는 일도 한다. 복원하는 기간은 아주 길게는 두 달까지 걸린다. 현재 2주 정도까지 빨라져 과학수사를 신속하게 진행할 수 있다.

디지털 포렌식 수사는 각종 디지털 데이터나 통화 기록, 이메일 접속 기록에 대한 정보를 수집하여 분석하며, DNA, 지문, 핏자국 같은 범행에 관련된 정보와 자료를 수집하고 조사하는 기법이다. 디지털 증거는 압수 수색을 할 때부터 법정에 제출하는 순간까지 변경되거나 훼손되면 안 된다. 결과물이 법정에서 증거로 채택되기까지는 그 내용과 수집 과정이 정해진 법규대로 진행됐는지 확인하는 과정이 필요하다. 이 과정을 거쳐야 디지털 포렌식 조사가 끝난다.

디지털 포렌식의 정보 수집과 조사에는 데이터를 원본 자료에서 수집하는 기술과 원본이 없는 상황에서 디지털 데이터 분석을 하는 기술이 있다. 원본 데이터는 절대 변동

되어서는 안 되며, 혹시 문제가 생겼을 경우 반드시 보고되어야 한다. 원본에서 추출된 사본 데이터는 반드시 원본과 비트(Bit)의 크기까지 같아야 한다. 원본이 없는 경우는 수집하고 분석하는 과정에서 이용된 도구와 방법을 신뢰하도록 정확하게 유지해야 법적인 효력을 지닌다.

디지털 포렌식 수사 사례

디지털 포렌식 기법은 범죄자의 휴대전화 비밀번호를 알아내는 것, 컴퓨터나 휴대전화 메신저의 내용을 삭제하거나 기기를 강제로 망가트렸을 때 삭제한 내용을 모두 복구하는 일이다. 이는 '디지털 증거를 수집, 분석 또는 보관하거나 겉으로 드러나게 하는 데 필요한 기술 또는 절차'라고 정의한다. 디지털 증거란 범죄와 관련된 디지털 형태로 저장하거나 전송된 증거가 되는 정보를 의미한다.

우리나라에서는 그동안 여러 수사 과정에서 디지털 포렌식을 사용해왔다. 2014년 세월호 참사 때는 승객이 가족과 나눈 메신저 내용을 복구하여 재판 증거로 사용했다. 2016년 박근혜, 최순실 게이트 때도 태블릿 PC를 복원하여 수사했다. 2018년 홍대 누드모델 사진을 유포한 사건, 숙명여고 쌍둥이 시험지 유출 사건도 디지털 포렌식 기법을 적용했다. 2019년 빅뱅 멤버가 연관된 버닝썬 사건, 2020년

N번방 사건 증거를 조사할 때도 디지털 포렌식 기법이 활용되었다.

디지털 포렌식 수사관의 현재와 미래

현재 활발하게 활동하는 전문가들은 국가수사기관에 소속된 전문 수사관이다. 대기업에서는 특허소송을 대비하여 법무팀에 디지털 포렌식 수사관을 두기도 한다. 회계 법인이나 대형 로펌에서는 회계 관련 자료가 데이터베이스화되어 있으므로 회계 장부를 관리하기 위해서 디지털 포렌식 기술을 갖춘 전문가가 활동하고 있다.

우리 사회가 지식정보화 시대가 되고 생활 대부분이 IT에 의해 움직이기 때문에 사이버 범죄 발생이 늘어나고 수법도 다양해졌다. 앞으로도 디지털 포렌식 수사 범위가 더 넓어질 것으로 내다본다. 현재는 국가기관에서 대부분 주도하고 있지만 필요로 하는 곳이 많아지면 민간으로 점차 확대될 것으로 보인다.

디지털 기기를 부검하는 기법

디지털 포렌식 수사 기법은 디지털 기기를 부검하는 일이다. 과거에는 사건 현장의 시신을 부검하여 사건의 실마리를 풀어갔다면, 현재는 사건 당사자가 가진 디지털 기기를 부검한다. 복원 프로그램을 사용하고 기록 매체를 얻어내는데 암호나 보안을 해제하여 수사에 활용하는 일이다. 피의자가 범죄 증거를 조작하거나 삭제시킨다 해도 어느 한 군데에는 흔적을 남기게 된다. 이 흔적을 역추적하여 디지털 기기 사용자의 정보를 끝까지 조사하면 복원할 수 있다. 디지털 포렌식 기법은 첨단 과학수사 기술로 사용될 대상 범위가 점점 넓어지는 추세다.

드론의 활용 범위

드론이 처음 개발될 때는 군사적으로 사용할 목적이었는데, 현재는 일상에서 사용하는 완구용 드론에서부터 센서형 드론까지 종류가 다양해졌다. 4차 산업혁명에 발맞추어 인공지능(AI) 기능이 탑재된 드론을 개발하는 기술이 발전한 만큼 활용 분야는 무궁무진할 것이다.

경찰에서는 2019년 9월 경찰청훈령 '경찰 무인비행장치 운용규칙'을 만들고 치안 분야에 드론을 도입하여 운영할 예정이었다. 그러나 현재는 드론을 더 폭넓게 사용하기보다는 실종자 수색에만 사용하고 있다. 드론은 빠른 움직임까지 어느 것 하나 놓치지 않는 촬영 장비로, 사람이 갈 수 없는 야외에서도 감식을 철저하게 수행할 수 있다. 효율적인 치안 업무 수행을 위해서 실제로 많은 부서에서 드론을 업무에 적용하려는 시도가 이루어지고 있다.

앞으로 드론 법규가 운영 목적에 맞게 개선된다면 드론이 경찰 업무 전체에 활용될 것으로 본다. 감식 범위가 넓은 장소에서 활용되는 드론은 위험 요소가 많은 화재나 안전사고의 사건 현장에서 항공 촬영용으로 활용한 사례가 다수 있다.

과학수사에서 활용하는 드론

현장 감식을 진행하다 보면 바늘이나 면도날 같은 것이 나온다. 눈앞에서 보면서도 피하지 못하여 다치는 경우도 있다. 이럴 때 드론이 큰 역할을 한다. 어둡고 좁은 화재 현장과 야외 변사사건 현장에서도 드론이 필요하다. 사람이 접근하기 힘든 지대가 높은 곳을 촬영할 수 있어서 그곳 상황을 전반적으로 파악할 수 있다.

과학수사 분야에서 현장 감식은 현장에 남아 있는 지문, 족적, 미세 증거를 수집하고 채취하여 현장을 재구성하는 활동이다. 감식 활동은 크게 '현장 보존 → 현장 관찰 → 현장 기록 → 증거물 수집' 순으로 이루어진다.

현장 감식 절차에서 사진 촬영을 가장 먼저 하는 이유는 과학수사요원이 증거물을 수집하고 감식 활동을 하기 위해 현장에 들어가는 순간 본의 아니게 현장을 훼손할 수 있기 때문이다. 그래서 훼손되지 않은 상태의 초기 현장을 사진으로 기록하는 것이다. 증거물 수집과 감식이 끝나면 초기 현장 모습이 찍힌 사진을 바탕으로 사건 현장을 재구성한다.

범죄 현장 사진을 촬영하는 방법

범죄 현장 사진은 범죄 현장이 발견되었을 당시 그대로 유지하고 기록하는 역할을 하므로 중요한 증거 자료로 활용된다. 현장 상황을 글로 설명하다 보면 표현의 한계에 부딪히게 되는데, 이때 범죄 현장 사진을 첨부하면 간단하면서도 쉽게 설명할 수 있다. 현장 사진은 현장에 남아 있는 증거물을 모으는 역할로, 범죄와 관련이 있는지 판단하기 위한 증거 자료로 활용된다. 그러므로 과학수사에서 매우 중요한 기록 매체 중 하나다.

현장 사진에는 현장의 전체적인 모양, 위치, 방향, 대상물의 상호관계, 배치 등을 담아야 한다. 따라서 현장에서 발견된 증거물의 세부사항을 알 수 있도록 자세하게 찍어야 한다. 사진을 찍는 순서는 다음과 같다.

① 피사체, 즉 사건 대상이 포함된 현장에 대한 전체 사진

② 피사체가 현장의 고정점을 가로로 놓고 촬영하여 피

사체와 현장을 연결시켜주는 역할을 하는 중간 사진

③ 표현하고자 하는 물체를 카메라에 가득 채워 각도에 의해 사실과 다르게 보이지 않도록 지면과 사물의 수직 방향 순서로 찍은 사진

전체 사진은 현장의 전체적인 상황과 사물의 배치 상태를 확인할 수 있도록 찍는다. 사건이 발생한 현장의 내부와 외부 모습, 창문과 출입문, 도로 상황과 진입로, 도망간 길 모두 포함되도록 촬영해야 한다. 근접 사진은 용의자를 포함한 주요 인물의 동선을 표현하는 데 효과적이다.

실내 현장에도 유용한 초소형 드론

화재나 변사사건의 야외 현장은 한 장의 사진으로는 특정 공간의 모습을 모두 표현할 수 없어서 연속으로 찍는 파노라마 촬영법을 사용한다. 또한 내부 면적이 넓은 실내 현장에서도 카메라 각도의 제한 때문에 파노라마 촬영법을 사용한다.

이에 비해 드론은 항공 촬영 기능이 자유롭고 구도 설정이 가능하여, 카메라로 표현하기 힘든 각도까지 담아낼 수 있다. 대형 화재 현장이나 안전사고 같은 면적이 넓은 야외 현장에서 사진을 촬영할 때 매우 효율적이다. 또 감식 범위

가 넓은 실내에서는 현장 전체를 관찰할 수 있는 항공 촬영이 가능하여, 파노라마 촬영을 효율적으로 수행할 수 있다.

하지만 드론의 프로펠러 바람으로 현장에 남아 있는 머리카락 같은 미세한 증거물이 쉽게 날아갈 수 있다는 단점이 있다. 이러한 단점을 보완하기 위해 기체 크기를 최대한 작게 하고 휴대하기 편하도록 한 소형 드론이 최근 출시되었다.

앞으로 드론의 특성과 종류에 따라 비행과 촬영에 관한 규제를 개선하고 경찰의 치안 활동에 드론을 활용하는 연구가 계속되어야 한다. 스마트 치안을 추구하는 경찰의 목표에 발맞추어 각종 경찰 업무에 이용되는 드론의 모습이 더 기대된다.

프로파일러
직업의 전망

　회사원은 회사에 다녀온다고 말하고 집을 나서지만, 프로파일러는 "집에 다녀온다."고 말할 정도로 야근이 많은 직업이다. 긴급출동을 대비해서 휴대전화를 머리맡에 두고 자면서 늘 긴장 상태에 있으므로 노동 강도는 센 편이다. 더욱이 강력범죄가 발생한 현장을 직접 봐야 하고, 처참한 경험을 한 피해자나 유가족을 만나는 스트레스 또한 만만치 않다. 하지만 사회를 위해 중요한 일을 한다는 정의감과 책임감을 갖고 일하고 싶다면 도전해볼 만한 직업이다.

　강력범죄와 증거를 남기지 않는 지능범죄를 해결하기 위한 방법으로 범죄심리 관련 업무가 매우 중요한 역할을 하고 있다. 우리나라는 축적된 프로파일링 자료가 많지 않고 프로파일러가 부족한 상태이므로 피의자와 면담하지 못하는 강력사건이 많은 편이다.

앞으로 다가올 미래에는 많은 프로파일러를 채용하게 될 것으로 전망된다. 이미 경찰청에서 프로파일러의 역할을 인정하여 필요성이 절실해지고, 사회적으로 프로파일러에 대한 기대가 높아지고 있기 때문이다.

프로파일러의 취업 현황

프로파일러는 경찰 신분이므로 수입은 경찰공무원 직급과 호봉에 따라 조금씩 다르다. 현재는 새로운 프로파일러를 채용하기보다는 일하고 있는 프로파일러를 더 전문화하는 일에 집중하고 있는 실정이다. 하지만 강력범죄와 지능범죄가 많아지고, 데이트폭력과 아동학대로 사망하는 지경에 이르는 사건이 많이 일어나면서 프로파일러의 필요가 점차 늘어나는 추세다.

프로파일러는 전문가로서 실력과 자격을 갖추어야 하고 일하는 곳이 한정되어 있어서 관련된 다른 직업으로 관심을 갖기도 한다. 심리학 쪽으로는 범죄심리학자, 범죄심리연구원, 피해자전문상담사, 심리학 교수가 있고, 과학수사분야로는 디지털 포렌식 수사관, 드론 수사관 같은 직업이 있다. 검찰이나 수사기관과 같은 재판 단계의 현장에서도 범죄심리학 분야를 필요로 하고 있다. 수사기관에서는 과학수사와 연관된 심리분석을 해야 하는 일이 늘어나 그 필요성이 빠른 속도로 늘어나고 있다.

미래에 더 발전하는 프로파일링

앞으로 초소형 드론과 CCTV는 위성처럼 움직이도록 개발되어, 하늘을 날아다니며 사람들의 동작을 감지할 것으로 전망된다. 이렇게 되면 연쇄살인 같은 강력범죄가 많이 줄어들 것이다. 모든 움직임을 첨단 CCTV가 놓치지 않고 촬영하고 있는데 범인이 범죄를 두 번 이상 벌인다는 것은 매우 어려운 일이고 심적 부담감도 크다.

강력사건이 발생했을 때 중요한 것은 범죄자의 내면을 파악해야 한다는 점이다. 그러기 위해서 범죄자의 범행 동기를 비롯해 복잡한 심리 상태를 자료로 만들어 정리해야 하는 것이 프로파일러의 일이다. 그러므로 프로파일러의 역할이 더 중요해진다.

예를 들어, '묻지 마! 살인사건' 같은 강력범죄의 경우, 범죄자의 정신 병력이나 범행 동기가 무엇인지 알아내는 것은 경험 많은 수사관들도 할 수 있다. 그러나 프로파일러는 범죄자와 면담을 하면서 범죄자의 말과 행동을 관찰하고, 그것을 녹화하여 수없이 보면서 범죄자의 태도나 심리 변화를 파악해낸다. 이런 면담 과정을 통해 범행 동기를 찾아내고 전문지식과 논리로 체계적인 문서 자료를 만든다. 이런 작업이 면담 기법인데, 프로파일러의 핵심 업무라고 할 수 있다.

앞으로 프로파일링 기법은 더 발전할 것이며, 그 일을 하는 프로파일러도 인기 직업으로 성장할 것으로 예상된다. 프로파일러의 참된 모습은 강력범죄사건의 범인을 검거하고 자백을 받는 일이다. 재판 진행과정에서 발휘되는 역량도 무척 크다. 그러다 보니 많은 사람들이 정의를 구현하는 프로파일러에게 주목하고 있으며, 많은 것을 기대하고 있다.

여성 프로파일러와 변화되는 사회 분위기

휴대전화를 비롯하여 많은 기기의 발달로 여성의 신체를 불법 촬영하는 디지털 성범죄가 급속하게 늘어났다. 데이트폭력과 가정폭력, 스토킹 범죄가 여성을 대상으로 계속 일어나 여성들의 불안이 커지고 있다.

통계청은 2018년에 조사한 '사회조사' 자료 중 범죄위험에 대해 불안하다고 느끼는 여성이 62.8%, 남성이 51.1%라고 발표했다. 특히 전라도 광주 지역 여성 응답자는 57.2%로 범죄에 대한 불안이 매우 높게 나타났다.

해마다 데이트폭력으로 46명이 목숨을 잃고 가정폭력

피해자 중 75%가 여성이다. 우리 사회에서 다양한 형태로 여성과 아동이 범죄의 대상이 되고 있어 그들의 불안이 커질 수밖에 없다. 아동과 노인, 여성이 안전하게 살아가는 사회가 안전한 사회이다.

어떤 사람은 여성 프로파일러보다 남성 프로파일러가 성범죄나 강력범죄를 담당하는 편이 낫다고 말한다. 범죄자 연구를 하려면 범죄자들을 직접 만나야 한다. 그러나 대부분의 교도소에서 범죄자의 도발 행위 같은 안전 문제를 이유로 들면서 범죄심리를 연구하는 여성에게 범죄자와 면담할 기회를 잘 주지 않기도 한다. 우리나라 사회 분위기의 현실이다.

가까운 예로 화성연쇄살인사건에서 여성 프로파일러가 범인의 자백을 받아내고 해결한 것을 생각해보자. 직업은 더 이상 성별을 논할 분야가 아니다. 모든 직업 앞에서 다양성을 받아들이는 자세가 필요하다. 사회 전반에 개선이 필요한 부분이기도 하다.

여성이 세상을 경험하는 방식은 남성이 세상을 경험하는 방식과 차이가 날 수 있다. 아동학대 사건을 보는 남성은 엄마라면 당연히 모성애를 갖고 있다고 생각할지도 모른다. 그러나 엄마 역할을 경험해본 여성은 진짜 모성애인지 모성애를 가장했는지를 구분할 수 있다. 그러나 이는 경험이나 성장 배경에서 오는 차이일 뿐, 직업의 업무를 수행하는 데 절대적인 영향을 미치는 것은 아니다. 프로파일러가 범죄자들의 마음을 계속 읽어나가는 것은 모든 이들이 안전하게 살아가는 사회를 만들기 위해 목소리를 내는 것이다. 그런 일에 여성, 남성을 따질 필요가 없다.

앞으로 우리 사회는 여성에 대한 편견을 없애고 다양성을 인정해야 한다. 4차 산업혁명 시대에 안전이란 이유로 여성의 역할이 제한되어서는 안 되며, 누구나 평등하다는 사회 분위기를 만들어야 한다.

직업을 통해
얻는 가치

　연쇄살인범의 자백을 받아내는 데 프로파일러들의 공이 컸다는 사실이 언론에 발표되면서 많은 사람들의 시선이 프로파일러라는 직업에 집중하기 시작했다. 아울러 범죄심리와 행동분석으로 강력범죄자를 검거하는 데 꼭 필요한 직업으로 인정받고 있다.

　프로파일러는 강력범죄가 일어날 때마다 자료를 철저하게 분석하고 추리하여 사건을 해결한다. 세상을 시끄럽게 했던 손꼽히는 강력범죄자들이 프로파일러가 투입되었을 때 심리 방어벽이 무너지면서 범행을 자백했던 사건이 얼마나 많은가.

예리하게 분석하는 프로파일러

부산에서 여중생을 납치하고 살해한 범인이 15일 동안 경찰과 시민을 따돌렸던 사건이 있었다. 범인이 어딘가에 꽁꽁 숨어서 외출조차 하지 않고 틀어박혀 있었기 때문이다. 그때 부산지방경찰청 소속 프로파일러가 투입되면서 용의자를 지목하게 되었고, 그 용의자를 집중적으로 분석하면서 신상이 낱낱이 드러났다. 그동안 저지른 범행이 무엇인지, 성격은 어떤지, 어린 시절에는 어떤 환경에서 자랐으며 친구관계가 어떤지도 파악했다.

그 결과 범행 용의자가 집과 범행 장소에서 멀리 벗어나지 않은 곳에서 숨어 지내고 있을 거라는 예측이 나왔다. 그 이유는 용의자가 11년 동안 교도소에서 수감생활을 했고, 심리적으로 몹시 불안한 상태이며 다른 사람과 상대하는 것을 병적으로 싫어하는 증상이 있기 때문이다. 프로파일러의 분석이 신빙성을 얻게 된 것은 용의자가 휴대전화와 인터넷을 거의 사용하지 않고, 운전면허가 없다는 점이었다.

경찰은 프로파일러가 분석하여 지목한 범행 현장 근처의 재개발 지역을 샅샅이 수색하기 시작했다. 용의자는 좁혀진 수색망에 걸려들었고 범행 장소에서 몇 백 미터 떨어진 곳에서 도망치다가 검거되었다.

때를 기다릴 줄 아는 프로파일러

범인을 검거하면 그의 발은 묶을 수 있지만, 입을 열지 못하면 수사에 어려움이 생긴다. 더욱이 살인 혐의에 대한 결정적인 증거가 없는 경우는 수사가 어려워지고 장기화될 가능성이 높다. 이런 경우에는 범인의 자백만이 확실한 증거가 된다.

형사들이 범인의 자백을 받으려고 압박할 때 프로파일러는 범인의 변화를 꼼꼼하게 관찰한다. 범인의 반응은 어떤지, 심리 변화가 있는지, 모든 상황을 자세하게 기록하면서 마음이 열리는 때를 지켜본다. 범인에게 거짓말탐지기 조사와 뇌파 조사를 할 때 범인의 심리 변화가 나타나는 순간이 방어벽이 무너지는 시점이다. 범인들 중에는 거짓말을 하다가 거짓말탐지기 그래프가 움직이는 것을 보고 마음을 바꾸는 사람도 있다.

프로파일러는 범인의 심리 변화가 일어날 때, 그중에서도 면담하기 가장 적절한 때를 기다렸다가 범인과 면담을 시작한다. 형사에게 협조하지 않던 범인이라도 프로파일러에게는 마음을 열고 자백하는 경우가 많다.

인간애를 가진 프로파일러

프로파일러는 범인의 심리를 꿰뚫어 보아야 하기 때문에

깊이 있는 심리학 공부를 해야 한다. 주요 업무가 범죄분석이기 때문에 사회학에 대한 전문지식과 관심도 필요하다. 범죄심리전문가나 범죄심리사 자격증도 필요하지만, 특별 채용으로 선발된 프로파일러 중에는 자격증이 없는 사람도 많다. 하지만 이것보다 더 중요한 것이 있다.

프로파일러에게 가장 중요한 것은 사람에 대한 애정이고 사회 전체에 갖는 관심이다. 강력범죄자의 마음을 돌려서 범행을 자백 받고 해결하는 일이 주된 업무이므로 범인에게 인간으로서 애정을 갖고 접근하는 자세와 능력이 필요하다. 예를 들어 범인의 과거 행적이나 성격을 분석할 때 어린 시절 가족의 돌봄이 전혀 없었다면 성인이 되어 인간관계를 전혀 맺지 못했던 것을 이해하고 파악해야 한다.

권일용 프로파일러는 부산 여중생 살인사건 용의자를 프로파일링 하면서 특이점을 발견했다. 사건의 용의자 김길태가 '길에서 태어난 아이'라는 뜻으로 지어진 자기 이름을 매우 싫어한다는 사실이었다. 어린 시절 그의 친구들이 그를 '길태' 대신 '상태'라고 불렀다는 것도 알아냈다.

권일용 프로파일러는 용의자와 면담에 들어갔을 때 그의 친구들이 부르던 대로 용의자를 "상태야!"라고 조용히 불렀다. 그러자 용의자에게 심리 변화가 일어났고 피해자에 대해 죄책감을 전혀 느끼지 못했던 그가 범죄 사실을 모두 자백하게 되었다.

그는 여성을 성폭행하고 살해한 연쇄살인범에게도 잡담 같은 가벼운 이야기부터 시작하여 범인의 심리를 흔들어 놓으면서 범행을 자백받기도 했다.

성폭행 연쇄살인범 강호순을 면담할 때는 여자, 운동, 드라마 등 가벼운 잡담을 다섯 시간 동안 나눈 적이 있었다. 그러면서 강호순의 방어벽을 무너트리고 마음을 흔들어 놓으면서 범행을 자백받았다. 이런 방법이 프로파일러들의 전략 중 하나라고 볼 수 있다.

또 2007년 정성현이 안양초등학생 두 명을 살해한 사건에는 결정적인 증거가 있었다. 하지만 범인이 범행을 완강하게 부인했고 거짓 진술을 하며 수사진을 괴롭혔다. 권일용 프로파일러는 범인의 이런 행동을 면밀하게 분석하고 용의자 면담에 들어갔다. 명확한 범죄 증거를 보여주며 서서히 압박해 들어갔고 결국 자백을 받아냈다. 자신이 벌인 범행에 죄책감조차 없었던 흉악범을 상대로 치밀한 심리전을 벌여 원하는 대답을 들을 수 있었다.

이렇듯 범죄자 개인의 특성과 심리를 분석하여 자백을 받아내는 것은 강압 수사가 아닌 인권 존중과 인간 자체에 대한 애정 덕분이라고 할 수 있다.

강력범죄가 사라지는 미래를 위하여

프로파일러는 강력사건이 일어나면 범인들의 방어벽을 무너트리고 자백을 받아낸다. 범인의 자백만큼 확실한 증거는 없다.

2004년부터 2년 간 13명을 살해한 정남규 사건과 2007년 제주에서 실종된 지 40일 만에 시신으로 발견된 양00 사건을 프로파일러가 해결했다. 해당 지역에 사는 시민들은 흉악범이 돌아다니지 않는다는 사실 자체만으로도 안심이 됐을 것이다.

프로파일러의 등장은 2000년경부터였으니 활동이 다소 늦은 감이 있다. 하지만 '묻지 마! 살인'처럼 범행 동기를 밝히기 어려운 범죄나 성폭력연쇄살인사건 같은 강력범죄를 접하면서, 프로파일러라는 직업에 대해 궁금증을 가지거나 직업으로 삼기 위해 관심 갖는 청소년들이 많아지고 있다.

프로파일러는 이미 일어난 강력사건에만 집중하는 게 아니다. 강력범죄자들의 범행 수법과 심리를 꿰뚫어 보고 다음 행보를 예측하고 관리하여 일어날 연쇄살인사건을 차단하고 예방하기도 한다.

현재는 프로파일러가 더 필요하지만 채용하지 못하는 실정이다. 심리학 지식이 풍부하고 인간에 대한 애정을 가진 프로파일러는 범행의 특성을 분석하여 연쇄범죄 같은 강력 사건을 미리 막는 매우 가치 있는 직업이다. 강력범죄가 사라지는 미래 세상으로 가는 지름길에서 결정적 역할을 하는 프로파일러에 대한 여러분의 관심을 기대해본다.

영화와 드라마로 만나는 프로파일러

1912년 프랑스 범죄학자 에드몽 로카르는 "모든 접촉은 흔적을 남긴다!"라고 말했다. 프로파일러는 범인이 남긴 흔적을 찾아 범죄의 퍼즐을 맞춘다고 하여 '퍼즐을 맞추는 사람'으로 불리기도 한다.

여기에서 소개하는 영화나 드라마 속 프로파일러의 모습은 실제 모습과 많이 다르지만, 이를 통해 이 직업의 활약상과 하는 일을 참고삼아 재미있게 보면 좋겠다. 개인의 직관력이나 초감각적인 능력에만 의존하지 않고, 범죄 현장의 정황과 용의자의 성장 배경과 직업, 교육 수준 같은 특징을 범죄와 관련하여 분석하는 범죄심리 전문가로의 매력을 여실히 보여주는 그들의 이야기 속으로 들어가보자!

영화 <양들의 침묵>으로 만나는 프로파일러

1991년 영화 <양들의 침묵>이 우리나라에 개봉된 이후, 프로파일러라는 직업이 처음 소개되었다.

미국 FBI에 들어간 프로파일러 수습요원 클라리스 스털링은 국장으로부터 연쇄살인범을 추적하라는 임무를 받는다. 그러면서 그 사건에 도움이 될 만한 한니발 렉터 박사를 찾아가보라는 말을 듣는다. 미궁에 빠진 연쇄살인사건명은 '버팔로 빌'이다. 뚱뚱한 여성만 골라 살해하고 피부를 벗겨내는 범행의 특성 때문에 붙여진 사건 이름이다. 클라리스 스털링은 시체 목에서 나온 스핑크스 나방의 번데기를 결정적인 단서로 보았다. 아울러 변신을 의미하는 번데기를 통해 여자가 되고 싶은 범인의 심리를 해석하고 추리하기 시작한다.

클라리스 스털링은 사건 해결의 단서를 얻으려고 국장이 말해준 한니발 렉터 박사를 찾아간다. 그가 찾아간 곳은 정신이상 범죄자 수감소였다. 그곳에서 만난 박사는 역시 보통 사람이 아니었다.

그는 정신과 의사이자, 상대가 생각하는 것을 읽어내는 독심술로 유명했다. 거기다 아홉 명의 환자를 죽이고 인육을 먹는 연쇄살인범이다. 클라리스 스털링이 방탄 가림판을 사이에 두고 박사에게 몇 마디 말을 건넸을 때 박사는 클라리스 스털링의 체취와 옷차림으로 그녀의 출신 배경까지 알아낸다. 곧이어 박사는 연쇄살인범인 자신 앞에서 두려움과 공포를 적절하게 조절하며 목표를 달성하기 위해 대담하게 대화하려는 프로파일러 클라리스 스털링의 심리를 들여다보며 호기심이 생긴다.

박사가 그녀에게 말했다.

"클라리스, 양들은 울음을 그쳤나? 지하 감옥은 이게 마지막이 아니야. 앞으로 수차례 보게 될 것이고, 당신이 사건을 해결할 때마다 양들은 한동안 축복처럼 침묵하겠지. 양들의 울음소리는 당신을 움직이게 하는 힘이고, 그 울음은 영원히 멈추지 않을 거야."

클라리스 스털링은 박사의 빈정거림과 상대를 꿰뚫어 보는 명석한 두뇌에 공포감을 느낀다. 하지만 정중하고 침착하게 상황을 분석하며 박사에게 접근한다. 박사는 클라리스 스털링의 그런 태도에 마음을 조금씩 열어가며 '버팔로 빌'에 대한 정신분석학적 정보를 알려준다.

바로 그때 테네시 주 연방상원의원의 딸이 '버팔로 빌'에게 납치되는 사건이 벌어진다. 박사는 좋은 시설로 옮겨주면 범인에 대한 결정적 단서를 제공하겠다고 거래를 제안한다. 상원의원이 박사를 이송하도록 도와주지만, 박사는 경찰 두 명을 잔인하게 살해하고 행방을 감춘다.

프로파일러 클라리스 스털링은 박사가 흘려준 정보를 기반으로 '버팔로 빌'의 거주지를 알아내고 찾아간다. 그는 죽기 직전까지 사투를 벌이다가 범인을 사살하고 상원의원의 딸을 구해낸다.

영화 마지막 장면에 프로파일러 클라리스 스털링은 박사의 전화를 받는다. '사건 해결을 통해 트라우마가 극복됐느냐'는 내용이었다.

클라리스 스털링은 박사에게 자신의 어린 시절 경험을 털어놓는다. 경찰인 아버지는 강도의 총에 맞아 죽고, 자신은 삼촌 목장에서 살다가 도살당하는 양들의 비명에 충격을 받는다. 그녀는 한 마리라도 살려야겠다는 생각에 어린 양을 안고 도망쳤다가 보안관에게 붙잡힌다. 이 일은 훗날 그녀에게 큰 트라우마로 남았고, 결국 한니발 박사가 이를 꿰뚫어 본 것이다. 영화의 제목이 〈양들의 침묵〉인 이유도 클라리스 스털링의 트라우마와 연결되어 있다.

영화 〈캐치미〉로 만나는 프로파일러

2013년에 개봉된 우리나라 영화 〈캐치미〉는 완벽한 프로파일러와 도둑이 된 과거 애인이 재회하면서 벌어지는 이야기이다.

주인공 이호태는 해결하지 못한 사건이 하나도 없는, 검거율 100%를 자랑하는 전문 프로파일러이다. 그런 그 앞에 강적이 나타난다! 바로 첫 사랑 윤진숙이었다. 그녀가 뺑소니 범인으로 등장하면서 결점이 없었던 프로파일러 인생에 먹구름이 몰려오는데…. 완벽한 프로파일러 이호태와 티끌 하나 남기지 않고 훔치는 완전범죄자 윤진숙과의 얽히고설키는 이야기가 이 영화를 보는 재미이다.

또 하나의 재미는 경찰대학을 수석으로 졸업하고 FBI 프로파일링을 공부한 이호태가 프로파일러로서 활약하는 모습이다. 빈틈없고 철저한 예지 능력에다 상황 판단까지 정확하게 하는 범죄심리 전문가의 모습을 보며, 프로파일러라는 직업의 매력에 풍덩 빠져보자.

범인이 잡힐 때까지 끝까지 추적하던 철두철미한 프로파일러가 첫사랑 그녀 때문에 철저한 신념을 버리는 인간적인 모습은 영화적 상상력으로만 즐기자. 그런 프로파일러는 없을 테니까!

드라마로 만나는 프로파일러

2009년에 방영된 MBC 드라마 〈혼〉은 프로파일러가 악을 처단하는 심판자가 되려고 하지만 결국 살인을 하면서 악이 되고 만다는 내용이다.

KBS 드라마 〈아이리스〉는 프로파일러의 두뇌와 판단력으로 범죄자를 찾아낸다는 내용이다. 프로파일러가 직관력이 뛰어나야 하는 건 사실이다. 하지만 프로파일링을 할 때 범인의 과거 행적을 따라 현재를 확인하고 범인의 입장에서 생각하고 바라보면서 현재를 바탕으로 미래를 예측하는 것이지, 초감각적인 능력을 발휘하는 것이 아니라는 점을 생각해보도록 하는 이야기다.

미국 드라마 〈크리미널 마인드〉는 연쇄살인범을 잡는 프로파일러들의 모습과 활약상을 다루고 있다. 범죄자의 심리를 읽고 과거를 통해 현재를 보고 미래까지 예측하는 초월적인 존재로 그려진 프로파일러의 모습은 충분히 매력적이다. 하지만 그 모습이 프로파일러의 전부는 아니다.

<셜록 홈즈>의 프로파일링

동서양을 통틀어 가장 유명한 프로파일러는 셜록 홈즈가 아닐까? 셜록 홈즈는 사건 현장에서 자신의 감으로 추리를 하는 것처럼 보이지만, 법의학이나 범죄학, 식물학이나 지질학 같은 폭넓은 영역에서 얻은 지식을 바탕으로 프로파일링을 한다. 이런 그의 지적인 모습과 추리력, 순발력과 해학 때문에 지금까지 셜록 홈즈라는 캐릭터가 책, 영화, 드라마에서 사랑을 받고 있는 것 아닐까?

영화 속에서 셜록 홈즈는 그의 동료 왓슨을 처음 만났을 때 이렇게 말한다.

"아프가니스탄에 있었군요?"

셜록 홈즈는 왓슨을 전체적으로 살펴보면서 다음과 같이 재빠르게 판단을 한다.

'왓슨은 의사로 보이는데 군인 느낌도 있으니 군의관이 일 가능성이 매우 높다. 손목은 흰데 얼굴은 검은 걸로 봐서 열대지방에 있다가 최근 귀국한 지 얼마 되지 않았다. 얼굴빛이 좋지 않은 걸로 봐서 고초를 많이 겪고 병도 앓았을 것으로 판단된다. 또한 왼팔을 움직일 때 자연스럽지 않은 것은 상처를 입은 적이 있다는 뜻이다. 열대 지방에서 영국 군의관으로 고생하며 팔에 상처까지 입을 만한 곳은 아프가니스탄밖에 없다.'

이 장면은 셜록 홈즈의 프로파일링을 잘 보여준다. 프로파일링은 현장 증거와 축적된 범죄 관련 자료를 근거로 용의자의 특징과 범행 동기를 추정하는 작업이다. 프로파일링은 사람을 한 번 훑어본다고 엑스레이 찍듯이 나올 수 있는 것이 아니다.

셜록 홈즈가 범죄를 예방하고 사회의 안녕과 질서를 유지한 대가로 사례금을 받았다는 기록은 없다. 하지만 귀족이나 왕족에게는 의뢰비를 꽤 비싸게 받았다는 기록이 남아 있는 것으로 보아, 서민에게는 무료로 사건을 해결해주고 대변자 역할을 했던 것 아닐까?

셜록 홈즈는 사건 해결 자체를 즐기는 사람 같다. 동료이자 친구인 왓슨에게 "최고의 보상은 일이야. 머리를 쓸 가장 어려운 문제를 나에게 줘!"라고 말한 대목만 봐도 짐작이 된다.